# Zucchini

Noch mehr leckere Rezepte!

# Zucchini

## Noch mehr leckere Rezepte!

Weltbild

# Inhalt

*Die Blüten sind neben ihrem interessanten Geschmack und ihrer vielseitigen Zubereitungsart eine wunderbare Dekoration.*

## Kurz und knapp

Zucchini, in manchen Ländern auch Zucchetti oder Courgette genannt, gehören zu der großen Familie der Kürbisgewächse (Cucurbita pepo). Botanisch gesehen handelt es sich bei dem ursprünglich aus Mexiko, Westindien und Südamerika stammenden Gemüse um die fleischigen Beerenfrüchte einer rasch wachsenden, nicht kriechenden und sehr frostempfindlichen Pflanze.

*Zucchini gehören heute fraglos zu den Stars der europäischen Küche.*

## Ein Exot erobert Europa

Nach Europa gelangte das Gewächs etwa im 15. Jahrhundert, wo es zunächst nur in Italien und Griechenland angebaut wurde. Heute werden Zucchini im gesamten Mittelmeerraum, den Niederlanden, den USA sowie in Großbritannien und Frankreich kultiviert. In Deutschland vor 20 Jahren als Exot bestaunt, haben die dunkelgrünen, länglichen Früchte heute als Gemüse sowohl in Kleingärten als auch im Erwerbsanbau eine große Bedeutung. Auch aus der deutschen Küche sind die kleinen Verwandten des Kürbis nicht mehr wegzudenken.

## Farben und Formen

Aufgrund der zahlreichen Importe kann man Zucchini das ganze Jahr über kaufen. Hierzulande sind vor allem die hell- und dunkelgrünen Früchte beliebt; außerdem gibt es weiße, cremefarbige und gelbe Zucchini, die meist aus Italien, Frankreich und der Türkei stammen. Gemeinsam ist allen Sorten das helle Fruchtfleisch, das geschmacklich an das der Gurke erinnert. Roh haben Zucchini ein mildes, nussartiges Aroma, gekocht sind sie eher neutral und lassen sich daher gut mit anderem Gemüse sowie mit Fleisch, Fisch, Reis, Eiern und Teigwaren kombinieren. Da die kleinen Gartenkürbisse keinen intensiven Eigengeschmack haben, passen zu ihnen auch viele Kräuter, etwa Basilikum, Salbei, Rosmarin oder Thymian und Gewürze wie Muskat, Curry, Koriander oder Fenchelsamen. Sogar die leuchtend gelben Blüten kann man essen – gefüllt oder ausgebacken gelten sie als Delikatesse.

Gelbe Zucchini schmecken oft noch milder und fruchtiger als die klassischen dunkelgrünen. Bei den in letzter Zeit häufig angebotenen Baby- oder Minizucchini handelt es sich im Übrigen nicht um eine eigene Sorte, sondern einfach um sehr jung geerntete Früchte.

In Öl eingelegte Zucchini bewahrt man am besten in sterilisierten Gläsern auf und lagert diese an einem kühlen, trockenen und dunklen Ort. Auf diese Weise ist das konservierte Gemüse drei bis sechs Monate lang haltbar. Vor dem Verzehr sollte es vier Wochen ziehen, damit sich das Aroma vollständig entfalten kann.

## Anbau und Ernte

Kultiviert wird das kalorienarme Gemüse überwiegend im Freiland, der Unterglasanbau ist relativ selten. Der Anbau selbst ist nicht schwierig – sogar ein ungünstiger, leicht schattiger Standort wird vertragen. Für eine vierköpfige Familie reichen zwei bis drei Pflanzen, aber jede Pflanze beansprucht einen Quadratmeter Beetfläche für sich alleine.
Die Samen werden ab Mitte April am besten direkt in Töpfe im Gewächshaus ausgesät, ab Mitte Mai kann man sie mit einem Meter Abstand direkt auspflanzen. Vorher sollten sie aber etwa eine Woche lang an einem geschützten Platz oder im Frühbeetkasten abgehärtet werden. Überrascht ein später Frost die Setzlinge, sterben sie. Es lohnt sich daher, einige Jungpflanzen etwas länger im geschützten Gewächshaus zu halten, bis sie gefahrlos ausgepflanzt werden können. Nach nur einem Monat können Sie die ersten Früchte gewinnen. Die Zucchini sollten möglichst jung geerntet werden. Wenn sie nicht länger als 15 bis 20 Zentimeter sind, haben sie das beste Aroma. Größere Früchte können leicht schwammig und fade im Geschmack sein.

## Zucchini lagern

Im Gemüsefach des Kühlschranks halten sich frisch geerntete, makellose Früchte bis zu drei Wochen. Man sollte sie allerdings nicht in der Nähe von Ethylen ausströmendem Obst und Gemüse wie Äpfeln und Tomaten aufbewahren, weil das den Reifungsprozess beschleunigt. Wegen ihres hohen Wassergehaltes sollten Zucchini nicht im Ganzen eingefroren werden, sondern püriert oder in Scheiben geschnitten und

*Tomaten und Zucchini vertragen sich bei der Lagerung leider nicht. In Gerichten allerdings sind die beiden Gemüsesorten ein unschlagbares Team.*

blanchiert. Werden die Scheiben oder Würfel in Essig oder Öl eingelegt oder getrocknet, so lassen sich Zucchini auch länger konservieren.

**TIPP**

**Konservierung**

**Zum Konservieren sollten Sie ausschließlich einwandfreie Zucchini verwenden, die möglichst gleichmäßig in Scheiben geschnitten werden. Das Gemüse vor dem Einlegen salzen und anschließend über Nacht ziehen lassen. Zum Aufbewahren eignen sich Gläser mit Schraubverschluss, die vor dem Befüllen sterilisiert werden, um einem mikrobiellen Verderb zu verhindern. Gläser mit Spülmittel ausspülen und auskochen! Eingemachte Früchte kühl, trocken und dunkel lagern.**

## Fit und gesund mit Zucchini

Zucchini schmecken nicht nur köstlich, sie sind auch sehr gesund. Die schlanken Früchte sind kalorienarm (100 Gramm enthalten nur 15 Kilokalorien) und mineralstoffreich. Sie sind reich an Kalzium, Magnesium, Phosphor, Kalium, Eisen, Fluor und Natrium und enthalten Vitamine wie Vitamin A und C, Vitamin B1 und B2, Niazin und Vitamin E. Da sie wenig Kalorien, aber viele Ballaststoffe besitzen, eignen sie sich ideal zum Abnehmen.

## Die Zubereitung

Zucchini sind wunderbar vielseitig. Sie schmecken gedünstet, frittiert, gebraten oder gegrillt. Man kann sie in Stifte, Scheiben, Rauten, Streifen oder Würfel schneiden, reiben, pürieren, füllen oder als Füllung verwenden. Sie sind die Basis für köstliche Suppen und Saucen. Roh schmecken sie in Salaten. Sie lassen sich wunderbar mit Tomaten, Auberginen, Paprika, Möhren und Pilzen kombinieren. Die passende Würze verleihen Knoblauch, Zitronensaft und Kräuter wie Oregano, Rosmarin, Salbei, Minze, Thymian, Basilikum, Petersilie und Schnittlauch.

*Ein Hans Dampf in allen Gassen und mit vielen Zutaten kombinierbar.*

Zucchinischeiben entwickeln einen intensiveren Eigengeschmack, wenn sie fein und dünn sind. Schneiden Sie das Gemüse daher auf einem Hobel mit Gurkenmesser. Sehr junge Zucchini kann man auch roh verzehren, etwa in Salaten.

# Köstliches aus dem Reich der Zucchini

Der milde und nussige Geschmack ermöglicht es, Zucchini mit fast allen Zutaten und Kräutern zu kombinieren. Dadurch eröffnet sich uns ein unendliches Reich an fantastischen Gerichten. Salate, Suppen, leckere Vorspeisen, aber auch fantasiereiche Hauptgerichte verzaubern die heimische Küche. Durch die Aufgliederung können Sie sich spielend Elemente für ein köstliches Menü zusammenstellen. Lassen Sie sich von der Vielseitigkeit der bekannten Kürbisfrucht überraschen, und Sie werden nicht mehr auf den Tausendsassa »Zucchino« verzichten wollen.

# Vorspeisen und Salate

## Zucchini-Kartoffel-Omelett

**Für 4 Portionen**
*4 Zucchini (etwa 700 g)* ✱ *400 g gekochte Kartoffeln* ✱ *7 Eier* ✱ *1 TL Thymianblättchen* ✱ *Salz* ✱ *Pfeffer aus der Mühle* ✱ *8 EL Olivenöl*
**Für den Tsatsiki:**
*4 Knoblauchzehen* ✱ *Salz* ✱ *400 g griechischer Jogurt* ✱ *1 TL Zitronensaft*

Das aus dem Italienischen stammende Wort »Zucchini« ist die Mehrzahl von »Zucchino« und leitet sich von dem Begriff »zucca«, also Kürbis, ab. Die große Gruppe der Kürbisgewächse unterscheidet man grob in Sommer- und Winterkürbisse; die bekanntesten Vertreter der Sommerkürbisse sind die Zucchini.

**1** Den Backofen auf 190 °C vorheizen. Die Zucchini waschen, Spitzen und Stielansätze entfernen. Die Zucchini anschließend grob raspeln. Die Kartoffeln schälen und in dünne Scheiben schneiden.

**2** Die Eier verquirlen und unter die Zucchiniraspel und die Kartoffelscheiben mischen. Mit Salz und Pfeffer würzen. Die Thymianblättchen darunter geben.

**3** Die Mischung in einer großen ofenfesten Pfanne in Öl bei mittlerer Hitze einige Minuten anbraten. Zum Fertiggaren etwa 10 Minuten in den heißen Ofen stellen.

**4** Die Knoblauchzehen abziehen und durch die Presse drücken, mit dem Jogurt und den übrigen Zutaten vermischen. Die Sauce zum Omelett reichen.

## Gebackene Zucchinitäschchen

**Für 4 Portionen**
*2 Zucchini (etwa 350 g)* ✱ *1 kleine Aubergine* ✱ *2 EL Salz* ✱ *2 Kartoffeln* ✱ *3 reife Tomaten* ✱ *1 rote Zwiebel* ✱ *3 Knoblauchzehen* ✱ *2 Petersilienstängel* ✱ *1 TL Meersalz* ✱ *Pfeffer aus der Mühle* ✱ *$^1/_4$ TL getrockneter Oregano* ✱ *$^1/_8$ l Olivenöl*

**1** Die Zucchini waschen, Spitzen und Stielansätze entfernen und in feine Scheiben schneiden. Die Aubergine schälen und schräg in $^1/_2$ Zentimeter dicke Scheiben schneiden.

**2** Das Salz in 1 Liter kaltes Wasser geben und die Auberginenscheiben darin 30 Minuten einweichen, bis sich das Wasser braun verfärbt. Das Wasser abgießen und die Auberginen trockentupfen.

**3** Die Kartoffeln schälen und fein würfeln. Die Tomaten mit heißem Wasser überbrühen, häuten, vierteln und entkernen, dabei die Stielansätze entfernen. Zwiebel und Knoblauchzehen abziehen und fein hacken. Petersilie waschen, trockenschwenken und die Blättchen fein hacken.

**4** Das Gemüse in einer großen Schüssel mischen. Den Backofen auf 190 °C vorheizen. In einer Schüssel Meersalz, Pfeffer, Oregano und Olivenöl gut verrühren.

**5** Für die Taschen 4 circa 30 mal 30 Zentimeter große Stücke Alufolie ausschneiden.

**6** Die Gemüsemischung auf der Alufolie verteilen und mit der Kräuter-Öl-Marinade beträufeln. Dabei einen Rand aussparen. Die vier Ecken nach oben klappen und zusammendrehen.

**7** Die Beutelchen auf ein Backblech legen und etwa 30 Minuten backen, bis das Gemüse gar ist. Dazu Weißbrot reichen.

## Zucchiniröllchen mit Lachs

**Für 4 Portionen**
*2 Zucchini mittlerer Größe* ✱ *125 g geräucherter Lachs in Scheiben* ✱ *Dillzweige* ✱ *3 EL Olivenöl*

**1** Die Zucchini waschen, Spitzen und Stielansätze entfernen und quer in 5 Millimeter dicke Scheiben schneiden.

**2** Die Scheiben ein wenig salzen und von beiden Seiten in Öl goldgelb und leicht knusprig anbraten.

**3** Zucchinischeiben auf Küchenpapier gut abtropfen lassen.

**4** Dillzweige waschen, trockenschwenken und Triebe abzupfen. Über den Zucchini verteilen.

**5** Lachs in Breite der Zucchini schneiden und auf die Zucchinischeiben legen.

**6** Zucchini aufrollen und mit Zahnstocher oder Spießchen fixieren. Mit Dillzweigen garniert servieren.

## Zucchini-Tortilla

**Für 4 Portionen**
*6 Eier* ✱ *Salz* ✱ *Pfeffer aus der Mühle* ✱ *3 junge Zucchini (etwa 300 g)* ✱ *2 kleine rote Zwiebeln* ✱ *2 Knoblauchzehen* ✱ *50 g Salami* ✱ *5 EL Olivenöl* ✱ *1 TL gehackte Oreganoblättchen*

**1** Die Eier in einer großen Schüssel verquirlen, mit Salz und Pfeffer würzen. Die Zucchini waschen, Spitzen und Stielansätze entfernen und in feine Scheiben schneiden. Zwiebeln und Knoblauchzehen abziehen und fein würfeln, Salami in kleine Stücke schneiden.

**2** 2 Esslöffel Olivenöl in einer großen Pfanne erhitzen, Zwiebeln und Knoblauch darin glasig dünsten. Salami, Zucchinischeiben und Oregano dazugeben und bei mittlerer Hitze etwa 5 Minuten goldgelb braten.

Tortilla ist die sehr sättigende, spanische Omelett-Variante aus Kartoffeln und Eiern, die es dort in jedem Café und jeder Kneipe zu kaufen gibt. In Mexiko versteht man unter Tortilla hingegen Chips aus Weizen- und Maismehl.

**3** Zucchinimischung zu den Eiern geben. 2 Esslöffel Öl in der Pfanne erhitzen, die Zucchini-Ei-Mischung dazugeben und zugedeckt bei schwacher Hitze 5 Minuten stocken lassen. Omelett wenden.

**4** Das restliche Öl in die Pfanne gießen und die andere Seite goldgelb braten. Sofort servieren.

## Eingelegte Zucchini

Wegen des milden, beinahe neutralen Zucchinigeschmacks bietet sich kräftiges Würzen an. Ausgedrückter oder fein geschnittener Knoblauch eignet sich besonders gut für marinierte oder gebratene Zucchini.

**Für 4 Portionen**

*7 junge Zucchini (etwa 700 g)* ✱
*3 Knoblauchzehen* ✱
*5 EL Olivenöl* ✱ *Salz* ✱
*5 EL Weißweinessig* ✱
*1 TL getrockneter Oregano*

**1** Die Zucchini waschen, Spitzen und Stielansätze entfernen und in 1 Zentimeter dicke Scheiben schneiden. Die Knoblauchzehen anschließend abziehen und fein hacken.

**2** Die Zucchinischeiben nacheinander in heißem Öl von beiden Seiten goldbraun braten. Noch warm in einer Schüssel mit dem Knoblauch, etwas Salz, Essig und dem getrockneten Oregano vermengen.

**3** Abgedeckt 24 Stunden marinieren lassen, dabei gelegentlich gut durchmischen.

**4** Mit Weißbrot servieren.

*Eingelegte Zucchini: eine unverzichtbare Beigabe zur Antipasti-Platte. Die würzigen Scheibchen schmecken zu Fladenbrot und Weißbrot.*

## Zucchini süßsauer

**Für 4 Portionen**
*7 junge Zucchini (etwa 700 g) * 4 EL Olivenöl * 3 Knoblauchzehen * 1/2 Bund Minze * Pfeffer aus der Mühle * Salz * 2 EL Zucker * 2 EL milder Malzessig*

**1** Die Zucchini waschen, Spitzen und Stielansätze entfernen und in 1 Zentimeter dicke Scheiben schneiden. Portionsweise in heißem Öl von beiden Seiten goldbraun braten. Auf Küchenpapier abtropfen lassen.

**2** Die Knoblauchzehen abziehen und fein hacken, die Minze abbrausen, trockenschwenken und ebenfalls fein hacken.

**3** Eine Lage Zucchini auf einer Platte anrichten. Mit Knoblauch und Minze bestreuen, mit Salz und Pfeffer würzen. Mit einer Prise Zucker bestreuen und mit ein wenig Essig beträufeln. Auf diese Weise die Zucchinischeiben aufschichten. Mit knackigem Weißbrot servieren.

## Gedämpfte Zucchiniblüten

**Für 4 Portionen**
*12 große Zucchiniblüten*
**Für die Füllung:**
*4 Seebarschfilets à 175 g * Salz * Cayennepfeffer*
**Für die Brühe:**
*3/4 l Gemüsebrühe * 2 EL grüne Kardamomkapseln * 4 EL Butter * 2 EL Zitronensaft*
**Außerdem**:
*Butter zum Einfetten*

**1** Zucchiniblüten öffnen und die Blütenständer herauslösen. Die Blüten mit Küchenpapier reinigen, aber keinesfalls waschen.

**2** Die Fischfilets in 12 gleich große Stücke schneiden und mit Salz und Cayennepfeffer würzen. Die Zucchiniblüten mit je 1 Stück Fischfilet füllen, die Blütenblätter verschließen.

**3** In einem Topf mit Dämpfeinsatz so viel Wasser zum Kochen bringen, dass der eingefettete Einsatz davon nicht berührt wird. Die Blüten etwa 5 Minuten dämpfen. Herausnehmen und warm stellen.

**4** Inzwischen die Gemüsebrühe in einer großen Pfanne bei mittlerer Hitze zum Kochen bringen und die zerstoßenen Kardamomkapseln dazugeben. Die Brühe auf 200 Milliliter reduzieren. Die Butter und den Zitronensaft unterrühren. Mit Salz und Pfeffer abschmecken.

**5** Die Zucchiniblüten auf vorgewärmten Tellern anrichten. Mit der Gemüsebrühe servieren.

Auch die schönen Blüten der Zucchini sind essbar. Sie lassen sich gut mit einem Küchenpinsel säubern und können beispielsweise als dekorative Suppeneinlage verwendet oder ausgebacken werden. Zudem sind sie eine sehr individuelle Dekoration für die edle Tafel oder das Buffet.

## Ziegenkäse-Zucchini-Taschen

**Für 4 Portionen**
*2 Zucchini (etwa 400 g) ✱ 1 rote Pfefferschote ✱ 1 Knoblauchzehe ✱ 6 EL Olivenöl ✱ 150 g Ziegenfrischkäse ✱ Salz ✱ Pfeffer aus der Mühle ✱ 12 Sandwich-Toastscheiben ✱ 3 Eier*
**Für das Tomatenragout:**
*4 Fleischtomaten ✱ 2 Schalotten ✱ 2 EL Olivenöl ✱ 2 EL Balsamicoessig ✱ Salz ✱ Schwarzer Pfeffer aus der Mühle*

**1** Die Zucchini waschen, Spitzen und Stielansätze entfernen und fein würfeln. Die Pfefferschote halbieren, Trennwände und Kerne entfernen, waschen und fein hacken. Die Knoblauchzehe abziehen und fein hacken. 2 Esslöffel Olivenöl in einer Pfanne erhitzen, das Gemüse darin etwa 3 Minuten andünsten.

**2** Vom Herd nehmen und mit dem Ziegenfrischkäse verrühren. Mit Salz und Pfeffer abschmecken.

**3** Inzwischen die Toastbrotscheiben mit einem runden Ausstecher von 10 Zentimeter Durchmesser ausstechen. Die Toastbrotrinde im Mixer zu Semmelbröseln verarbeiten. Die runden Toastbrotscheiben mit einem Nudelholz auf 12 bis 14 Zentimeter Durchmesser vorsichtig ausrollen.

**4** Auf jeden Toast in die Mitte ein Häufchen von der Gemüsemischung als Füllung setzen, die Toastscheiben in der Mitte zusammenklappen. Scheiben gut aufeinander drücken.

**5** Die Eier verquirlen und die Zucchinitaschen darin wenden, dabei die Öffnung der Taschen gut andrücken, anschließend in Semmelbröseln wenden.

**6** Die Täschchen im restlichen heißen Olivenöl auf jeder Seite etwa 4 Minuten goldbraun braten. Auf Küchenpapier abtropfen lassen.

**7** Für das Tomatenragout die Fleischtomaten mit heißem, fast kochendem Wasser überbrühen, häuten, würfeln und entkernen, dabei die Spitzen sowie die Stielansätze entfernen.

**8** Die Schalotten abziehen und fein würfeln. Die Schalottenwürfel im heißen Olivenöl glasig dünsten. Mit dem Balsamicoessig vorsichtig ablöschen und offen einkochen lassen. Vom Herd nehmen und langsam abkühlen lassen.

**9** Die Tomatenwürfel mit den gewürfelten Schalotten mischen, mit Salz und Pfeffer kräftig abschmecken. Das kalte Tomatenragout zu den warmen Zucchinitaschen reichen.

Sehr junger Ziegenkäse ist anfangs streichfähig und von frischer, weicher Konsistenz. Mit dem Alter kann er hingegen trocken und oft etwas krümelig werden. Charakteristisch ist der herbe, manchmal leicht scharfe Geschmack.

*Ziegenkäse-Zucchini-Taschen: interessant und pfiffig! Die knusprigen Taschen lassen sich auch gut als Fingerfood bei Partys, zum Picknick oder an Grillabenden verwenden.*

## Zucchini mit Minze

**Für 4 Portionen**
*6–7 junge Zucchini (etwa 600 g) ✱ 1 mittelgroßes Ei ✱ Salz ✱ 3 EL Mehl ✱ 12 EL Semmelbrösel ✱ 5 EL Olivenöl ✱ 4 EL Butter ✱ 1 EL fein gehackte Minze ✱ 1 EL Zucker ✱ 3 EL Weißweinessig*

**1** Die Zucchini waschen, Spitzen und Stielansätze entfernen, schräg in 1 Zentimeter dicke Scheiben schneiden und trockentupfen.

**2** Das Ei mit etwas Salz verquirlen. Die Zucchini erst in Mehl, dann in Ei und den Semmelbröseln wenden.

**3** Die Zucchini auf beiden Seiten in Olivenöl und Butter goldbraun braten. Auf mehreren Lagen Küchenpapier abtropfen lassen.

**4** Die fein gehackte Minze, Zucker und Essig in einen Topf geben, erhitzen und kurz aufkochen lassen. Die Zucchinischeiben auf einen flachen Teller schichten, mit Essig beträufeln und heiß servieren.

Geschlossene Blüten werden nicht geöffnet, sondern zunächst mit einer Hand festgehalten. Mit der anderen Hand werden Kelch und Stempel vorsichtig herausgedreht. Bei geöffneten Blüten trennt man der Stempel und die Staubgefäße ab. Kelch und Stielansatz werden abgeschnitten.

## Frittierte, gefüllte Zucchiniblüten

**Für 4 Portionen**
*8 Zucchiniblüten ✱ Pflanzenöl zum Ausbacken*

**Für die Füllung:**
*2 mittelgroße Zucchini (etwa 300 g) ✱ 2 EL Olivenöl ✱ 1 Schalotte ✱ 1 Knoblauchzehe ✱ 2 in Öl eingelegte Sardellen ✱ 100 g Mozzarella ✱ 120 g Ricotta ✱ Salz ✱ Pfeffer*

**Für den Ausbackteig:**
*50 g Mehl ✱ $^1/_8$ l trockener Weißwein ✱ 1 EL Olivenöl ✱ Salz ✱ 1 Prise frisch geriebene Muskatnuss ✱ 1 Eiweiß*

**1** Die Zucchiniblüten vorsichtig öffnen und die Blütenständer herauslösen. Die Blüten mit Küchenpapier reinigen, nicht waschen.

**2** Die Zucchini waschen, Spitzen und Stielansätze entfernen und in feine Würfel schneiden. Die Würfel im heißen Olivenöl goldbraun braten. Abkühlen lassen.

**3** Schalotte und Knoblauchzehe abziehen und fein hacken. Die Sardellen und den Mozzarella fein würfeln. Zucchini, Schalotte, Knoblauch, Sardellen, Mozzarella und Ricotta vermengen. Mit Salz und Pfeffer würzen.

**4** Mehl mit Wein und Öl verrühren, mit Salz und Muskat würzen und alles zu einem glatten Teig verarbeiten. Das Eiweiß mit einer Prise Salz steif schlagen und unter den Teig ziehen.

**5** In einer Fritteuse oder einer Kasserolle reichlich Öl erhitzen.

Die Masse vorsichtig in die Zucchiniblüten füllen, die Blütenblätter mit einer leichten Drehbewegung verschließen.

6 Die Blüten in den Ausbackteig tauchen und in das siedende Öl gleiten lassen. Sobald sie goldbraun sind, herausnehmen und auf Küchenpapier abtropfen lassen. Sofort noch in heißem Zustand servieren.

## Zucchiniküchlein mit Jogurt-Sauce

**Für 4 Portionen**

*4 Zucchini (etwa 700 g) * Salz * 3 EL Mehl * 2 Eier * 150 g Schafskäse * 50 g Bergkäse * 2 gekochte Kartoffeln * 2 EL Semmelbrösel * 1 TL getrocknete Kräuter (Salbei oder Oregano) * Pfeffer aus der Mühle * 6 EL Olivenöl*

**Für die Jogurtsauce:**

*1 Knoblauchzehe * 1 Tomate * 200 g griechischer Jogurt * Saft von 1 Limette * 1 TL fein gehackter Thymian * 2 TL fein gehackte Petersilie * Salz * Pfeffer aus der Mühle*

1 Die Zucchini waschen, Spitzen und Stielansätze entfernen, grob raspeln und mit Salz bestreuen. In ein Sieb geben, anschließend 1 Stunde ziehen lassen und mit den Händen ausdrücken. Mit 2 Esslöffel Mehl vermischen.

2 Die Eier verquirlen. Schafskäse zerbröckeln, Bergkäse und Kartoffeln fein reiben und mit den Semmelbröseln zu den Eiern geben.

3 Die Zucchini unter die Eiermasse mischen. Mit Kräutern und Pfeffer abschmecken, 10 Minuten in den Kühlschrank stellen. 1 Esslöffel Mehl untermischen.

4 Für die Jogurtsauce die Knoblauchzehe abziehen und fein hacken. Die Tomate überbrühen, häuten, würfeln und entkernen. Stielansatz entfernen.

5 Die restlichen Zutaten mit dem Knoblauch verrühren, mit den Gewürzen abschmecken. Tomatenwürfel unterheben.

6 Aus der Zucchinimasse kleine Küchlein formen, in Mehl wenden und in heißem Olivenöl portionsweise goldbraun braten. Auf Küchenpapier abtropfen lassen. Mit der Jogurtsauce servieren.

TIPP

**Knoblauch**

**Knoblauch reguliert unter anderem den Blutdruck. Ganze Zehen sollten nicht angebraten, sondern erst am Schluss zu dem jeweiligen Gericht gegeben werden und dann durchziehen.**

Egal, ob Petersilie, Basilikum, Thymian oder Schnittlauch: Frische Kräuter sind nahezu kalorienfrei und immer ein Garant für guten Geschmack. Sie entwässern den Körper, regen den Stoffwechsel an und stärken das Immunsystem.

Ausgehöhlte Zucchini nennt man auch »Schiffchen«. Das Fruchtfleisch lässt sich gut mit einem Teelöffel entfernen, nachdem man es am Rand mit einem scharfen Messer eingeritzt hat. Das fein gehackte Fruchtfleisch wird anschließend für die Füllung verwendet.

## Zucchini-Ciabatta

**Für 4 Portionen**

*1 Ciabatta-Brot zum Aufbacken (400 g) * 1 Zucchino (etwa 150 g) * 400 g Hähnchenbrustfilet * 250 g Mozzarella * 2 Knoblauchzehen * 3 EL Olivenöl * 1 TL Thymian * Salz * Pfeffer aus der Mühle * 375 g Tomatenstückchen*

**1** Ciabatta in 4 Stücke schneiden, die Stücke längs halbieren. Zucchino waschen, Spitze und Stielansatz entfernen, längs halbieren, die Hälften in $^1/_2$ Zentimeter dicke Scheiben schneiden. Hähnchenbrustfilet waschen, trockentupfen und in Streifen schneiden. Den Mozzarella in 16 Scheiben schneiden. Knoblauchzehen fein hacken.

**2** Den Backofen auf 220 °C vorheizen. Ciabatta im heißen Ofen 10 Minuten backen. Inzwischen Zucchinischeiben und Hähnchenbruststreifen im heißen Olivenöl anbraten. Knoblauch mitgaren, mit $^1/_2$ Teelöffel Thymian, Salz und Pfeffer abschmecken. Bei mittlerer Hitze 5 Minuten garen. Tomaten mit dem restlichen Thymian, Salz und Pfeffer würzen.

**3** Die Tomaten auf dem Brot verteilen, mit der Zucchinimischung sowie je 2 Mozzarellascheiben belegen und im Ofen 6 Minuten überbacken.

## Gefüllte Zucchini mit Champignons

**Für 4 Portionen**

*4 junge Zucchini (etwa 400 g) * 100 g Möhren * 100 g Champignon * 100 g Lauch * 50 g Knollensellerie * 150 g gekochter Schinken * 2 EL Butter * Salz * Pfeffer aus der Mühle * $^1/_2$ Bund Petersilie * 2–3 EL Olivenöl*

**1** Die Zucchini waschen, Spitzen und Stielansätze entfernen, der Länge nach halbieren und aushöhlen.

**2** Die Möhren, die Champignons, den Lauch und den Sellerie putzen und alles sehr fein würfeln. Den gekochten Schinken ebenfalls in kleine Würfel schneiden.

**3** Das gemischte Gemüse und den gekochten Schinken in heißer Butter bei schwacher Hitze dünsten, bis das Gemüse fast gar ist. Mit Salz und Pfeffer würzen. Die Petersilie abbrausen, trockenschwenken, die Blättchen fein hacken und über das Gemüse streuen. Den Backofen auf 170 °C vorheizen.

**4** Die Masse in die ausgehöhlten Zucchini füllen. Die Zucchinihälften in eine geölte feuerfeste Form setzen und etwa 12 Minuten im Backofen garen. Heiß servieren, dazu Weißbrot reichen.

*Gefüllte Zucchini mit Champignons: ein delikates Muss auf einer gelungenen Sommerparty. Die Schiffchen schmecken nicht nur gut, sie sehen auch toll aus.*

## Jakobsmuscheln mit Zucchinisauce

**Für 4 Portionen**
*4 große Zucchini (etwa 800 g) ✱ 1 Knoblauchzehe ✱ 4 EL Olivenöl ✱ 1/4 TL abgezupfte Thymianblättchen ✱ Salz ✱ Cayennepfeffer ✱ 32 Jakobsmuscheln*

**1** Die Zucchini waschen, Spitzen und Stielansätze entfernen und in große Stücke schneiden. Die Stücke in einen Entsafter geben. Sie sollten 2 Tassen Saft erhalten.

**2** Knoblauch abziehen und fein hacken. 1 Esslöffel Olivenöl in einer Pfanne erhitzen. Knoblauch hinzufügen und bei mittlerer Hitze darin dünsten.

**3** Die Hitze reduzieren, den Zucchinisaft und die Thymianblätter hinzufügen. Den Zucchinisaft zum Kochen bringen und vom Herd nehmen. 2 Esslöffel Olivenöl unterrühren. Mit Salz und Cayennepfeffer würzen. Warm stellen.

**4** Das restliche Olivenöl in einer beschichteten Pfanne erhitzen, die Jakobsmuscheln dazugeben und auf jeder Seite 20 Sekunden anbraten.

**5** Mit Salz und ein wenig Cayennepfeffer würzen. Auf vier Tellern anrichten und mit der Zucchinisauce servieren.

Achten Sie beim Kauf von Schalentieren wie frischen, rohen Muscheln darauf, dass diese noch nicht geöffnet sind. Ebenso wie Muscheln, die nach dem Kochen noch immer geschlossen sind, müssen sie der Gesundheit zuliebe weggeworfen werden.

## Spanischer Grill-Gemüse-Salat

**Für 4 Portionen**
*2 Zucchini (etwa 350 g) ✱ 2 rote Paprikaschoten ✱ 500 g Kürbis ✱ 2 rote Zwiebeln ✱ 4 Schalotten ✱ 5 Strauchtomaten ✱ 150 ml Olivenöl ✱ Meersalz ✱ Pfeffer aus der Mühle*

**1** Die Zucchini waschen, Spitzen und Stielansätze entfernen und in 2 1/2 Zentimeter große Stücke schneiden. Die Paprikaschoten waschen, längs halbieren, dabei den Stiel durchschneiden, aber nicht entfernen. Samen und Trennwände herauslösen.

**2** Den Kürbis waschen und mit Schale in 2 1/2 Zentimeter große Stücke schneiden. Die Zwiebeln und die Schalotten längs halbieren, ohne Schale, Wurzelansatz oder Spitze zu entfernen. Die Schalen verleihen dem Gericht mehr Geschmack, werden aber natürlich nicht mitgegessen. Die Tomaten waschen und ebenfalls halbieren. Den Backofen auf 240 °C vorheizen.

**3** Alle Gemüsezutaten mit der Schnittfläche nach oben in eine große, eingeölte feuerfeste Form geben, mit der Hälfte des Olivenöls beträufeln und mit Salz und Pfeffer würzen. Auf der zweiten Schiene von oben bei 240 °C etwa 30 Minuten rösten, bis das Gemüse weich ist.

**4** Mit dem restlichen Olivenöl beträufeln, dazu knackiges Weißbrot reichen. Sie können den Salat heiß, warm oder kalt servieren.

## Zucchini-Gemüse-Salat

**Für 4 Portionen**

*5 junge Zucchini (etwa 500 g) ✱ 3 kleine Möhren ✱ Salz ✱ 1 kleine Fenchelknolle ✱ 2 Schalotten ✱ 1 Knoblauchzehe ✱ 6 EL Olivenöl ✱ 2 EL Kräuteressig ✱ $^1/_4$ TL Zucker ✱ Pfeffer aus der Mühle ✱ 10 Basilikumblätter ✱ 2 EL Kürbiskerne*

**1** Zucchini waschen und Stielansätze entfernen. Die Möhren schälen. Beides in leicht gesalzenem Wasser 5 Minuten kochen, Abgusswasser auffangen.

**2** Den Fenchel halbieren, waschen, harte Stielansätze entfernen. Die Fenchelhälften in dünne Scheiben erst längs, dann noch mehrmals quer schneiden. Schalotten und Knoblauchzehe abziehen und fein hacken.

**3** 3 Esslöffel Olivenöl in einer Pfanne erhitzen, die Hälfte der Schalotten darin glasig dünsten, die Fenchelstückchen dazugeben, mit wenig Wasser ablöschen und in etwa 10 bis 12 Minuten weich kochen.

**4** Unterdessen die Vinaigrette zubereiten. Essig, Zucker, Pfeffer, das restliche Öl, 3 Esslöffel Gemüsewasser, die restlichen Schalotten und den Knoblauch gut verrühren. Die zerpflückten Basilikumblätter dazugeben. Zucchini und Möhren schneiden.

**5** Mit dem Fenchelgemüse und dem Kräuterdressing vermischen. Angeröstete Kürbiskerne darüber streuen. Lauwarm servieren.

## Zucchini-Carpaccio

**Für 4 Portionen**

*7 junge gelbe und grüne Zucchini (etwa 700 g) ✱ 1 Bund Rucola ✱ 2 EL Olivenöl ✱ Saft von 1 Zitrone ✱ Meersalz ✱ Pfeffer aus der Mühle ✱ 150 g Parmesan*

**1** Die Zucchini waschen, putzen und in feine Scheiben schneiden. Rucola putzen und waschen. Olivenöl, Zitronensaft, Salz und Pfeffer verrühren und mit den Zucchini vermischen.

**2** Den Parmesan in dünne Streifen oder Späne hobeln.

**3** Rucola auf Tellern anrichten und mit den marinierten Zucchinischeiben belegen. Die Parmesanspäne darauf verteilen.

Zucchini können für Salate in verschiedenste Formen gebracht werden: Sie lassen sich beispielsweise in Stäbchen, Rauten, Stifte oder auch Würfel schneiden oder mit einem Gemüseschäler in Streifen schälen. Hübsch sind auch kleine, aus dem Fruchtfleisch ausgestochene Zucchinikugeln.

## Zucchini mit Mozzarella

**Für 4 Portionen**
*2 kleine Zucchini ✱ 5 vollreife mittelgroße Tomaten ✱ 300 g Büffelmozzarella ✱ 1 Bund Basilikum ✱ Salz ✱ Pfeffer aus der Mühle ✱ 6 EL Olivenöl ✱ 1 Knoblauchzehe*

**1** Die Zucchini waschen, Spitzen und Stielansätze entfernen und in dünne Scheiben schneiden. Die Tomaten waschen, Stielansätze entfernen und in etwas dickere Scheiben schneiden. Mozzarella in dünne Scheiben schneiden.

**2** Das Basilikum abbrausen, trockenschwenken und die Blätter fein schneiden.

**3** Die Tomatenscheiben auf einer großen Platte anrichten und jede Scheibe mit zwei Scheiben Zucchini und einer Scheibe Mozzarella belegen. Mit Salz und Pfeffer würzen. Das Olivenöl mit der durchgepressten Knoblauchzehe verrühren und über dem angerichteten Teller verteilen. Mit Basilikumblättchen bestreuen.

Auberginen, auch Eierpflanzen genannt, gibt es in vielen verschiedenen Sorten, Farben und auch Formen. Voll ausgereifte Früchte haben ein sehr hartes Fruchtfleisch, zum Kochen also besser junge Früchte verwenden.

## Crostini mit Auberginen

**Für 4 Portionen**
*1 Zucchino ✱ 1 mittelgroße Aubergine ✱ Salz ✱ 3 Tomaten ✱ 200 g Mozzarella ✱ 3–4 EL Olivenöl ✱ Pfeffer aus der Mühle ✱ 1/2 TL getrockneter Thymian ✱ 1 toskanisches Weißbrot*

**1** Den Zucchino waschen, Spitze und Stielansatz entfernen und fein würfeln. Die Aubergine waschen, in 1 Zentimeter große Würfel schneiden und in eine Schüssel mit Salzwasser legen. Nach circa 15 Minuten herausnehmen, abtropfen lassen und trockentupfen.

**2** Die Tomaten mit heißem Wasser überbrühen und häuten. Das Fruchtfleisch würfeln und entkernen, dabei die Stielansätze entfernen. Den Mozzarella fein würfeln.

**3** Das Olivenöl in einer Pfanne erhitzen, die Zucchini- und Auberginenwürfel darin langsam goldbraun braten.

**4** Das Gemüse etwas abkühlen lassen und mit den Tomaten- und Mozzarellawürfeln vermischen. Mit Salz, Pfeffer und Thymian würzen.

**5** Das Weißbrot in Scheiben schneiden, die Scheiben im Toaster rösten. Die Gemüse-Mozzarella-Mischung auf den gerösteten Broten verteilen.

**6** Im Backofen bei 200 °C kurz überbacken.

## Zucchiniröllchen mit Mozzarella

**Für 4 Portionen**
*3 kleine Zucchini * 1 Bund Basilikum * 300 g Mozzarella * 3 EL Olivenöl * 150 g frisch geriebener Parmesan * 150 g roher italienischer Schinken * Salz * Pfeffer aus der Mühle*

**1** Zucchini waschen und der Länge nach in dünne Scheiben schneiden. Den Backofen auf 180 °C vorheizen und ein Backblech mit Öl bepinseln.

**2** Basilikum abbrausen, trockenschwenken, die Blätter abzupfen. Mozzarella ebenfalls in längliche Scheiben schneiden.

**3** Das Öl in einer Pfanne erhitzen, die Zucchinischeiben darin goldbraun anbraten. Auf Küchenpapier abtropfen lassen.

**4** Auf jede Zucchinischeibe nacheinander ein Basilikumblatt, eine Scheibe Mozzarella, etwas Parmesan und eine Scheibe Schinken geben, mit Salz und Pfeffer würzen und von der Schmalseite her aufrollen. Jedes Röllchen mit einem Holzspießchen feststecken.

**5** Die Röllchen auf das Backblech legen, mit dem restlichen Parmesan bestreuen und etwa 20 Minuten backen, bis der Mozzarella geschmolzen ist.

## Frittierte Brotscheiben mit Zucchini

**Für 4 Portionen**
*2 kleine Zucchini * 6 EL Olivenöl * Salz * Pfeffer aus der Mühle * 250 g Mozzarella * 8 Scheiben Toastbrot * 2 EL fein gehackte Petersilie * 2 Eier * 1 EL Milch * 4 EL Mehl*

**1** Zucchini waschen, Spitzen und Stielansätze entfernen und in dünne Scheiben schneiden.

**2** 2 Esslöffel Olivenöl erhitzen, die Zucchinischeiben zwei Minuten dünsten, mit Salz und Pfeffer würzen. Auf Küchenpapier abtropfen lassen.

**3** Mozzarella in etwa 1 Zentimeter dicke Scheiben schneiden. Die Hälfte der Brotscheiben mit dem Mozzarella und den Zucchinischeiben belegen, mit Petersilie bestreuen, Rand freilassen. Die restlichen Brotscheiben darauf legen. Die Brotränder in Wasser tauchen und zusammendrücken.

**4** Die Eier und die Milch mit einer Gabel verquirlen, mit Salz und Pfeffer würzen. Die Brote in Ei und Mehl wenden.

**5** Olivenöl in der Pfanne erhitzen. Die Brote dazugeben und von beiden Seiten goldbraun braten. Auf Küchenpapier entfetten und sofort servieren.

Mozzarella wurde ursprünglich in Italien aus Büffelmilch hergestellt, heute bildet häufig Kuhmilch die Grundlage des köstlichen Käses, der sich aus der europäischen Küche nicht mehr wegdenken lässt. Mozzarella sollte, einmal geöffnet, in kaltem Wasser gelagert werden.

## Römersalat mit Speck und Käse

**Für 4 Portionen**
*1 großer Zucchino (etwa 200 g) * Salz * 7 EL Olivenöl * 2–3 Römersalatherzen (etwa 300 g) * 100 g getrocknete Tomaten (in Öl) * 100 g Parmesan * 150 g aufgeschnittene Pancetta (italienischer Bauchspeck) * 1/2 Bund Petersilie * 6 EL Balsamicoessig * Pfeffer aus der Mühle*

**1** Den Zucchino sauber waschen, Spitze und Stielansatz entfernen, in feine Scheiben schneiden und leicht salzen.

**2** 2 Esslöffel Öl erhitzen. Die Zucchinischeiben darin 1 bis 2 Minuten unter Rühren dünsten und 5 Minuten bei schwacher Hitze schmoren. Beiseite stellen.

**3** Die Salatherzen putzen, waschen, trockenschleudern und in breite Streifen schneiden. Die Tomaten abtropfen lassen und in schmale Streifen schneiden.

**4** Den Parmesan mit dem Sparschäler in Streifen hobeln, den Speck in Streifen schneiden. Die Petersilie abbrausen, trockenschwenken und fein hacken.

**5** Den Speck in einer Pfanne bei mittlerer Hitze ohne Fett ausbraten. Für das Dressing Essig, Salz und Pfeffer verrühren. Mit dem restlichen Olivenöl verquirlen. Die Petersilie unterheben.

**6** Den Salat auf vier Tellern anrichten, mit Tomaten, Käse und Zucchini belegen. Mit der Vinaigrette beträufeln, den Speck darüber verteilen. Mit Weißbrot servieren.

Jedes Land hat seine eigenen Ernährungsgewohnheiten. Vor allem für Südländer ist Essen viel mehr als eine Notwendigkeit; es ist Kultur, ein gesellschaftliches Erlebnis. In erster Linie wird auf die hervorragende Qualität der Zutaten geachtet, weniger auf die Kalorienbilanz.

## Zucchini in scharfer Senfsauce

**Für 4 Portionen**
*5 junge Zucchini (etwa 500 g) * Salz * 1 rote Zwiebel * 1 EL Senfkörner * 150 ml Rotweinessig*

**1** Die Zucchini waschen, Spitzen und Stielansätze entfernen,schälen und in 3 1/2 Zentimeter große Stücke schneiden.

**2** Stücke in kochendem Salzwasser 1 Minute blanchieren. Abgießen und in eine Schüssel geben. Die Zwiebel abziehen, in Ringe schneiden, zu den Zucchinistücken geben und alles miteinander gut vermengen.

**3** Die Senfkörner in einem Mörser zerstoßen und zusammen mit dem Essig in einem Topf bei schwacher Hitze erwärmen.
Den Senfessig über die Zucchini gießen. Als Antipasto zusammen mit Salami servieren.

*Zucchini in scharfer Senfsauce: eine unbekannte, leckere Komposition, die Ihr Salatbuffet um eine tolle Variation ergänzt. Das Gericht kann auch zu rohem Schinken serviert werden.*

## Zucchini-Panzanella-Salat

**Für 4 Portionen**
*1 junger Zucchino (etwa 100–150 g) ✱ 2 rote Paprikaschoten ✱ 2 grüne Paprikaschoten ✱ 2 gelbe Paprikaschoten ✱ 100 g Ciabatta-Brot vom Vortag ✱ 4 Knoblauchzehen ✱ 1/2 Bund Petersilie ✱ 2 EL Balsamicoessig ✱ 4 EL Olivenöl ✱ 80 g entsteinte schwarze Oliven ✱ 16 Kapern ✱ 12 getrocknete Tomaten ✱ Meersalz*

**1** Den Backofen auf 170 °C vorheizen.

**2** Den Zucchino waschen, Spitze und Stielansatz entfernen und in kleine Würfel schneiden.

**3** Die Paprikaschoten im Backofen rösten. Dabei mehrmals wenden, damit sie gleichmäßig braun, fast schwarz werden.

**4** In eine Plastiktüte geben, fest verschließen und etwa 30 Minuten stehen lassen. Die Haut lässt sich jetzt leicht abziehen. Kerne, Stielansätze und Seitenwände ebenfalls entfernen und die Schoten in Streifen schneiden.

**5** Das Brot unterdessen in 1 Zentimeter große Würfel schneiden und mit etwas Wasser befeuchten.

**6** Den Knoblauch abziehen und fein hacken. Petersilie abbrausen, trockenschwenken und die Blättchen fein hacken.

**7** Balsamicoessig und Olivenöl miteinander verrühren. Gemüse, Brot, Oliven, Kapern und getrocknete Tomaten dazugeben und gut miteinander vermengen.

**8** Mit etwas Salz vorsichtig abschmecken. Mit der frischen Petersilie bestreuen und servieren.

Parmesan kommt aus Parma und ist wohl der berühmteste Käse Italiens. Er besteht aus Kuhmilch und wird sehr lange, zwischen einem und drei Jahren, gelagert. Frisch gerieben vom Stück schmeckt er am besten. Parmesan lässt sich, in Alufolie gewickelt, eine Weile im Kühlschrank aufbewahren oder einfrieren.

## Zucchinisalat mit Prosciutto

**Für 4 Portionen**
*6 junge Zucchini (etwa 600 g) ✱ 150 ml Olivenöl ✱ grobes Meersalz ✱ Pfeffer aus der Mühle ✱ 120 ml Balsamicoessig ✱ 250 g Parmesan ✱ 16 Scheiben Prosciutto*

**1** Die Zucchini waschen, Spitzen und Stielansätze entfernen. Die Zucchini grob raspeln. In eine Schüssel geben und mit dem Olivenöl beträufeln. Mit Salz und Pfeffer würzen.

**2** Alles gut miteinander vermischen. Zum Schluss den Balsamicoessig unterrühren.

**3** Aus dem Parmesan mit einem spitzen Messer kleine Stücke brechen. Die Stücke sollten etwa

3 Zentimeter lang und 1 Zentimeter breit sein. Zu den Zucchiniraspeln geben und untermischen. Kurz in Öl und Essig marinieren lassen.

**4** Den Prosciutto auf flachen Tellern anrichten. Jeweils 2 Esslöffel Zucchini-Parmesan-Salat darauf geben.

**5** Nach Belieben kurz vor dem Servieren zusätzlich mit einem Spritzer Olivenöl und Balsamicoessig beträufeln.

**6** Dazu Weißbrot, am besten herzhaftes italienisches Ciabatta, reichen.

## Zucchini-Löwenzahn-Salat

**Für 4 Portionen**

*5 junge Zucchini (etwa 500 g) * 50 g Löwenzahn * 2 Schalotten * 2 EL Zitronensaft * 4 EL Olivenöl * 1 TL Salz * Pfeffer aus der Mühle*

**1** Die Zucchini waschen, Spitzen und Stielansätze entfernen und in dünne Scheiben schneiden. In eine Schüssel geben.

**2** Den Löwenzahn putzen, dabei die Stiele entfernen. Die Löwenzahnblätter waschen und trockentupfen. Die Schalotten abziehen und fein hacken.

**3** Löwenzahn und Schalotten zu den Zucchini in die Schüssel geben.

**4** Zitronensaft, Olivenöl, Salz und Pfeffer verrühren und über den Salat geben. Alles gut vermengen. Dieser Salat macht sich gut auf einem frühsommerlichen Buffet.

TIPP

**Löwenzahn**

**Das Kochen mit Kräutern boomt derzeit. Die jungen Blätter des Löwenzahns, die gekocht oder auch roh zubereitet werden können, liefern ein tolles Gemüse und besitzen heilende Wirkung: Löwenzahn wirkt blutreinigend, stärkt Galle, Nieren, Leber und Milz und seine Bitterstoffe regen den Verdauungsapparat an. Die Vitamine B und C, sehr hohe Mengen an Eisen und mehr Provitamin A als in vielen Salatsorten und Möhren sind in den Blättern enthalten. Wenn Sie die Wurzeln des Löwenzahns trocknen, können Sie sogar eine Art Kaffee-Ersatz daraus herstellen. Dazu die getrockneten Wurzeln einfach in einer Pfanne rösten und anschließend mahlen.**

Schalotten haben prinzipiell die gleichen Eigenschaften wie andere Zwiebeln. Die kleinen Früchte sind nur viel feiner im Geschmack und dem Knoblauch näher. Sie sind eiförmig, rot oder hellbraun und wachsen meist an einem Strunk mit ungefähr vier bis sieben Zwiebeln.

Frische Basilikumblätter schmecken pfeffrig und etwas süßlich. Sie harmonieren geschmacklich hervorragend mit Knoblauch und Tomaten und passen auch ausgezeichnet zu Suppen, Fisch und Salaten.

# Gemüsesalat aus der Provence

**Für 4 Portionen**

*300 g grüne Bohnen * 500 g fest kochende Kartoffeln * Meersalz * je 1 Zweig Rosmarin, Thymian, Basilikum, Lorbeerblatt und Bohnenkraut * 2 Zucchini (etwa 300 g) * 2 gelbe Paprikaschoten * 2 Schalotten * 2 Knoblauchzehen * 3 EL Weißweinessig * Pfeffer * 2 EL Dijonsenf * 6 EL Olivenöl * 1 Bund Petersilie * 15 schwarze Oliven*

**1** Die Bohnen waschen, putzen, dabei die Fäden abziehen.

**2** $^1/_2$ Liter Wasser mit 1 Teelöffel Meersalz zum Kochen bringen. Die Kräuter zusammenbinden und zugeben. Die abgeschrubbten Kartoffeln und die Bohnen darin 30 Minuten garen. Ein wenig Gemüsewasser auffangen.

**3** Die Zucchini waschen, Spitzen und Stielansätze entfernen, fein würfeln. Die Paprika halbieren, Samen und Trennwände entfernen, Fruchtfleisch fein würfeln. Schalotten und Knoblauchzehen abziehen und fein hacken.

**4** Essig, Pfeffer, Senf und Olivenöl verrühren, das Gemüsewasser unterrühren und kräftig abschmecken.

**5** Die Kartoffeln pellen und in feine Scheiben schneiden. Zusammen mit den Bohnen, Zucchini, Paprika, Schalotten und dem Knoblauch zum Dressing geben.

**6** Die Petersilie abbrausen, trockenschwenken und die Blättchen fein hacken.

**7** Den Salat mit Petersilie und Oliven bestreuen. Erneut abschmecken und mit Weißbrot servieren.

## TIPP

### Gesunde Paprika

**Die Paprika kam vermutlich im 15. Jahrhundert durch Kolumbus von Südamerika nach Europa. Man unterscheidet heute zwischen Gemüse- und Gewürzpaprika. Kaufen Sie möglichst kleine Früchte, sie werden nicht so rasch weich und sind häufig länger haltbar als die großen. Der Vitamin-C-Gehalt ist so hoch wie bei kaum einem anderen Gemüse, und die roten und gelben Früchte liefern zudem noch reichlich Karotin.**

*Gemüsesalat aus der Provence: Wer Frankreichs Küche liebt, kommt nicht daran vorbei. Die mediterrane Mischung schmeckt auch als Beilage zu Grillfleisch.*

# Suppen und Eintöpfe

## Soupe au Pistou

In eine Soupe au Pistou, also Gemüsesuppe mit Basilikum, gehört traditionell Kürbis. Verschiedene Kürbisarten wurden bereits vor über 10 000 Jahren in Mittelamerika angebaut. Spanische Seefahrer, die auf Entdeckungsreise waren, haben das Gemüse vermutlich im 15. Jahrhundert mit nach Europa gebracht. Kürbisgewächse sind eng verwandt mit Gurken und Melonen.

**Für 4 Portionen**
*200 g getrocknete weiße Bohnen ✱ 1 Salbeiblatt ✱ Salz ✱ 2 Zucchini (etwa 400 g) ✱ 2 Möhren ✱ 1 Stange Lauch ✱ 1 Stück Kürbis (etwa 250 g) ✱ 3 Kartoffeln ✱ 4 große Tomaten ✱ 100 g grüne Bohnen ✱ 4 EL Olivenöl ✱ 250 g Suppennudeln ✱ Pfeffer aus der Mühle*
**Für das Pistou:**
*6 Knoblauchzehen ✱ 1 TL grobes Meersalz ✱ 2 EL Basilikumblätter ✱ 5 EL frisch geriebener Parmesan ✱ $^1/_8$ l Olivenöl*

**1** Die weißen Bohnen über Nacht mit dem Salbeiblatt in leicht gesalzenem Wasser einweichen. Am nächsten Tag etwa 45 Minuten vorkochen.

**2** Die Zucchini waschen, Spitzen und Stielansätze entfernen und in 1 Zentimeter dicke Scheiben schneiden. Möhren und Lauch putzen, waschen und in Scheiben schneiden. Kürbis und Kartoffeln schälen und in 1 Zentimeter große Würfel schneiden.

**3** Die Tomaten mit heißem Wasser überbrühen, häuten, würfeln und entkernen, dabei die Stielansätze entfernen. Die grünen Bohnen putzen und auf 5 Zentimeter Länge kürzen.

**4** In einer großen schweren Kasserolle das Olivenöl erhitzen. Kartoffeln, Lauch, Möhren und Kürbis darin etwa 10–12 Minuten dünsten, bis das Gemüse halb gar gekocht ist.

**5** 2 Liter kochendes Wasser aufgießen, Tomaten, Bohnen, Zucchini, Suppennudeln und Salz hinzufügen. Aufwallen lassen, die Hitze reduzieren, halb abdecken und 10 bis 20 Minuten garen lassen, bis das Gemüse weich ist und die Nudeln bissfest sind. Nach Bedarf würzen.

**6** Unterdessen das Pistou zubereiten. Die geschälten Knoblauchzehen, Salz und Basilikum in einen Mixer geben und fein pürieren.

**7** Wenn die Sauce glatt ist, die Hälfte des Parmesans und die Hälfte des Olivenöls nach und nach zugeben und alles gut verquirlen. Den restlichen Käse und das Öl zusammen hinzufügen und nochmals verquirlen.

**8** Kenner bevorzugen die Zubereitung des Pistou in einem Mörser, am besten aus Marmor. Schneller geht es jedoch mit dem Mixer oder der elektrischen Küchenmaschine.

**9** Die Suppe nach Geschmack heiß oder kalt mit einem Löffel Pistou servieren.

## Sommerliche Zucchinisuppe

**Für 4 Portionen**
*5 junge Zucchini (etwa 500 g) ✱ 3 EL Olivenöl ✱ 1 $^1/_4$ l Gemüsebrühe ✱ Salz ✱ Pfeffer aus der Mühle ✱ 2 Eier ✱ 4 EL frisch geriebener Parmesan ✱ 2 EL gehackte Petersilie ✱ 2 EL gehacktes Basilikum ✱ 8 Scheiben Weißbrot vom Vortag*

**1** Die Zucchini waschen, Spitzen und Stielansätze entfernen und fein würfeln. Die Zucchiniwürfel im heißen Öl erhitzen und bei schwacher Hitze andünsten.

**2** Die Gemüsebrühe angießen und mit Salz und Pfeffer würzen. Die Brühe zugedeckt aufkochen lassen, die Hitze reduzieren und 45 Minuten sanft köcheln lassen.

**3** Die Eier verquirlen, mit dem Käse und den Kräutern vermengen. In die heiße Suppe gießen und unterrühren, damit die Eier stocken. Vom Herd nehmen.

**4** Das Brot auf beiden Seiten goldgelb rösten.

**5** 2 Scheiben in jeden Suppenteller legen. Die Suppe über das Brot schöpfen und servieren.

Olivenöl sollte nie so stark erhitzt werden, dass sich Rauch entwickelt, denn so können sich Krebs erregende Substanzen bilden. Zudem wird der köstliche Geschmack verfälscht.

*Sommerliche Zucchinisuppe: ohne Weißbroteinlage eine herzhafte, leichte Vorspeise, mit Brot auch ein schmackhafter Sattmacher.*

# Zucchinisuppe mit Basilikum

Frisches Basilikum mit seinem ganz charakteristischen Aroma wird meist erst gegen Ende der Kochzeit zu dem jeweiligen Gericht gegeben. So bleibt seine spezielle Würze sicher erhalten.

**Für 4 Portionen**
*3 Zucchini (etwa 600 g) ✱ 2 große Kartoffeln ✱ 70 g grüne Bohnen ✱ 1 Tomate ✱ 1 Zwiebel ✱ 2 EL Olivenöl ✱ 1 $^{1}/_{4}$ l Hühnerbrühe ✱ 1 Bund Basilikum ✱ Salz ✱ Pfeffer aus der Mühle ✱ 4 Scheiben trockenes Weißbrot ✱ 150 g frisch geriebener Parmesan*

**1** Die Zucchini waschen, Spitzen und Stielansätze entfernen. Die Kartoffeln schälen. Zucchini und Kartoffeln fein würfeln. Die Bohnen waschen, putzen und in 5 Zentimeter lange Stücke schneiden.

**2** Die Tomate mit heißem Wasser überbrühen, häuten, vierteln und entkernen, dabei den Stielansatz entfernen. Die Zwiebel abziehen und fein hacken.

**3** Das Olivenöl in einem schweren großen Topf erwärmen und die gehackte Zwiebel und die Tomatenviertel bei schwacher Hitze 15 Minuten lang dünsten.

**4** Die gewürfelten Zucchini, Kartoffeln und die grünen Bohnen dazugeben, mit der Brühe ausreichend aufgießen, aufkochen lassen und bei schwacher Hitze zwischen 10 und 15 Minuten kochen lassen.

**5** Das Basilikum abbrausen, trockenschwenken und die Blätter fein schneiden. Die Hälfte der Basilikumblätter zur Suppe geben, mit Salz und Pfeffer würzen und weitere 3 Minuten kochen, bis das Gemüse weich ist.

**6** Inzwischen den Backofen auf 200 °C vorheizen und das Brot etwa 4 Minuten auf jeder Seite rösten.

**7** Je 1 Brotscheibe in vorgewärmte tiefe Teller legen, die Suppe darüber schöpfen und mit dem restlichen Basilikum bestreut servieren. Dazu den geriebenen Parmesan reichen.

**TIPP**

**Aufgepeppte Hühnerbrühe**

**Die Hühnerbrühe als Grundlage der Zucchinisuppe lässt sich schnell zur gesunden Hühnersuppe aufwerten. Kochen Sie sie mit Zwiebeln, Petersilienwurzeln, Sellerie und Möhren. Wenn Sie das bewährte Hausmittel regelmäßig zu sich nehmen, schützt der Stoff Cystein Ihr Immunsystem vor Bakterien und Viren. Erkältungen und Halsschmerzen werden auf diese Weise vermieden oder bekämpft.**

## Minestrone

**Für 4 Portionen**
*200 g getrocknete weiße Bohnen * 1 Salbeiblatt * Salz * 4 Zucchini (etwa 700–800 g) * 5 Mangoldblätter * 6 Wirsingblätter * 3 Kartoffeln * 3 Tomaten * 3 kleine Zwiebeln * 4 Möhren * 2 Stangen Staudensellerie * 8 EL Olivenöl * 1 $^1/_2$ l Fleischbrühe * 200 g Kurznudeln * Pfeffer aus der Mühle * $^1/_2$ Bund Petersilie * 8 Basilikumblätter * 8 EL frisch geriebener Parmesan*

**1** Die weißen Bohnen über Nacht mit dem Salbeiblatt in leicht gesalzenem Wasser einweichen. Am nächsten Tag etwa 45 Minuten vorkochen.

**2** Unterdessen die Zucchini waschen, Spitzen und Stielansätze entfernen und in feine Scheiben schneiden. Mangold und Wirsing putzen und mit einem scharfen Messer in feine Streifen schneiden.

**3** Die Kartoffeln schälen und würfeln. Die Tomaten mit heißem Wasser überbrühen, häuten, vierteln und entkernen, dabei die Stielansätze entfernen.

**4** Zwiebeln, Möhren und Staudensellerie putzen, fein würfeln und in einem großen schweren Topf im heißen Olivenöl dünsten.

**5** Sobald die Zwiebeln glasig sind, das restliche Gemüse und die abgeseihten Bohnen dazugeben und bei schwacher Hitze langsam dünsten.

**6** Die im Gemüse enthaltene Flüssigkeit verkochen lassen, dabei immer wieder umrühren. Nach und nach einen Teil der kochenden Fleischbrühe angießen.

**7** Sobald das Gemüse gar ist, den Rest der Fleischbrühe angießen, das Ganze aufwallen lassen, die Kurznudeln dazugeben und mitkochen, bis sie bissfest sind.

**8** Nach Belieben mit Salz und Pfeffer würzen. Mit der fein geschnittenen Petersilie und dem Basilikum bestreuen und gut umrühren. Mit Parmesan servieren.

**TIPP**

**Wirsing**

**Wirsingblätter werden gern als Rouladen verwendet. Nutzen Sie den Weißkohlableger doch auch einmal als Rohkost. Durch das Kochen gehen die meisten biologisch wertvollen Nährstoffe leider verloren. Achten Sie beim Kauf vor allem auf die Festigkeit der Blätter.**

Suppen wie die berühmte Minestrone schmecken nicht nur gut, sondern haben wegen der Gemüseeinlage und der verwendeten Kräuter auch einen hohen gesundheitlichen Wert. Die Kräuter werden erst kurz vor dem Servieren in die Suppe gegeben. Suppenreste lassen sich gut portionsweise einfrieren.

# Zucchinisuppe mit Crostini

**Für 4 Portionen**
*4 große Zucchini (etwa 800 g) ✱ 2 Knoblauchzehen ✱ 2 EL Olivenöl ✱ Salz ✱ Pfeffer aus der Mühle ✱ 1/2 l Hühnerbrühe ✱ 150 g Sahne ✱ 1/2 Bund Basilikum ✱ 1/2 Bund Petersilie ✱ 200 g frisch geriebener Parmesan*
**Für die Crostini:**
*4 Scheiben Ciabatta-Brot ✱ 150 g entsteinte schwarze Oliven ✱ 1 rote Chilischote ✱ Olivenöl*

Statt frischer Chilischoten kann man auch auf getrocknete zurückgreifen. Entfernen Sie Stiele und Samen, teilen Sie die Schote in zwei bis drei Teile und lassen Sie diese vor dem Zerkleinern in heißem Wasser etwa 30 Minuten lang ziehen.

**1** Die Zucchini waschen, Spitzen und Stielansätze entfernen, längs vierteln und in 2 1/2 Zentimeter große Stücke schneiden.

**2** Die Knoblauchzehen abziehen und fein hacken.

**3** Zucchini und Knoblauch im heißen Olivenöl etwa 25 Minuten auf kleiner Flamme anbraten, bis die Zucchini gebräunt und weich sind.

**4** Mit Salz und Pfeffer abschmecken, die Hühnerbrühe angießen und das Ganze einige Minuten köcheln lassen. Den Topf vom Herd nehmen.

**5** Drei Viertel der Zucchinisuppe im Mixer pürieren, zurück in den Topf geben und die Sahne unterrühren.

**6** Mit dem fein geschnittenen Basilikum, der gehackten Petersilie und dem Parmesan bestreuen und alles gut vermischen.

**7** Für die Crostini die Ciabatta-Scheiben auf beiden Seiten rösten.

**8** Die Oliven fein würfeln. Die Chilischote halbieren, Trennwände und Kerne entfernen, waschen und fein hacken. Die Oliven und Chilistückchen mit etwas Olivenöl vermischen.

**9** Die Ciabatta-Scheiben mit der Oliven-Chili-Masse bestreichen. Die Crostini zur Suppe reichen.

## TIPP

**Kräuter-Brotaufstrich**

**In Kräutern steckt Vitamin C. Kosten Sie diesen Kräuteraufstrich: Mischen Sie zu gleichen Teilen Petersilie, Schnittlauch, Basilikum, Kresse, Thymian und Majoran. Geben Sie etwas Zitronensaft und Salz in 150 Gramm Quark. Fertig!**

*Zucchinisuppe mit Crostini: eine besondere Vorspeise, die Ihre Gäste begeistern wird. Die Crostini sind auch allein zu einem Glas Rotwein ein empfehlenswerter Snack.*

## Gemüse-Cassoulet

**Für 4 Portionen**

*2 Zucchini (etwa 300 g)* ✱ *500 g fest kochende Kartoffeln* ✱ *2 Möhren* ✱ *3 rote Zwiebeln* ✱ *4 EL Olivenöl* ✱ *2 Lorbeerblätter* ✱ *Salz* ✱ *Pfeffer aus der Mühle* ✱ *1 Prise Zucker* ✱ *400 ml Gemüsefond* ✱ *480 g geschälte Tomaten (aus der Dose)* ✱ *400 g weiße Bohnen (aus der Dose)* ✱ *2 EL Weißweinessig* ✱ *2 EL Kräuter der Provence* ✱ *250 g Semmelbrösel* ✱ *100 g Butter*

Zum Verzieren können Sie aus einem kleinen Stück Möhre und etwas Schale der Zucchini streichholzfeine Streifen nach Julienne-Art herstellen. Es gibt spezielle Juliennereißer, mit denen sich die hauchdünnen, dekorativen Streifen für Suppen und Eintöpfe ganz einfach abtrennen lassen.

**1** Die Zucchini waschen, Spitzen und Stielansätze entfernen und würfeln. Die Kartoffeln schälen, die Möhren putzen. Beides in kleine Stücke schneiden. Die Zwiebeln abziehen und fein hacken.

**2** Das Gemüse und die Lorbeerblätter im erhitzten Öl garen. Mit Salz, Pfeffer und Zucker würzen. Den Gemüsefond angießen und zugedeckt 10 bis 12 Minuten auf kleiner Flamme kochen.

**3** Die Tomaten in ein Sieb geben, den Saft auffangen und die Tomaten würfeln. Die Bohnen ebenfalls in ein Sieb geben, abbrausen und abtropfen lassen. Tomaten, Tomatensaft, Bohnen, Essig und Kräuter in den Bräter geben und zugedeckt weitere 5 Minuten garen lassen. Den Backofen auf 230 °C vorheizen.

**4** Die Semmelbrösel in der zerlassenen Butter bräunen, mit Salz abschmecken.

**5** Semmelbrösel auf dem Gemüseeintopf verteilen und im Ofen auf der 2. Schiene von unten 10 Minuten überbacken.

## Fischeintopf

**Für 4 Portionen**

*2 Zucchini (etwa 300 g)* ✱ *500 g Kartoffeln* ✱ *3 Möhren* ✱ *500 g Heilbuttfilets* ✱ *2 Knoblauchzehen* ✱ *1/2 unbehandelte Orange* ✱ *3 kleine Dosen geschälte Tomaten (à 240 g Abtropfgewicht)* ✱ *1 Lorbeerblatt* ✱ *1 EL gehackte Basilikumblätter* ✱ *1 EL abgezupfte Thymianblättchen* ✱ *1/2 TL Fenchelsamen* ✱ *1/4 TL Chiliflocken* ✱ *2 EL frisch geriebener Parmesan*

**1** Die Zucchini waschen, Spitzen und Stielansätze entfernen. Die Kartoffeln schälen. Die Zucchini und die Kartoffeln in 8 Millimeter dicke Scheiben schneiden. Die Möhren putzen und in 3 Millimeter dicke Scheiben schneiden.

**2** Die Fischfilets in mundgerechte Stücke zerpflücken. Die Knoblauchzehen abziehen und fein hacken. Orange schälen.

**3** Zucchini, Kartoffeln, Möhren und Knoblauch zusammen mit den Tomaten und dem Tomatensaft in einen Schmortopf geben.

**4** Lorbeerblatt, Basilikum, Thymian, Fenchelsamen, Orangenschale und Chiliflocken hinzufügen.

**5** Die Gemüsemischung zugedeckt bei mittlerer Hitze zum Kochen bringen. Die Hitze reduzieren und das Ganze unter gelegentlichem Umrühren etwa 20 bis 25 Minuten kochen lassen, bis das Gemüse weich ist.

**6** Fischstücke dazugeben und vorsichtig unterrühren. Zugedeckt 5 bis 10 Minuten köcheln lassen, bis der Fisch weiß und fest ist.

**7** Orangenschale und Lorbeerblatt entfernen. Mit Parmesan bestreuen. Dazu Weißbrot reichen.

## Ratatouille

**Für 4 Portionen**

*2 Zucchini (etwa 350–400 g)* ✱ *1 Aubergine* ✱ *600 g Tomaten* ✱ *1 Gemüsezwiebel* ✱ *2 rote Paprikaschoten* ✱ *3 Knoblauchzehen* ✱ *7 EL Olivenöl* ✱ *Salz* ✱ *1 Bouquet garni (1 Lorbeerblatt, 2 Thymianzweige, 3 Petersilienstängel, 1 klein geschnittene Stange Staudensellerie)* ✱ *Pfeffer aus der Mühle*

**1** Die Zucchini waschen und in Scheiben schneiden. Die Aubergine waschen und ebenfalls in Scheiben schneiden. Die Tomaten mit heißem Wasser überbrühen, häuten, würfeln und entkernen.

**2** Zwiebel abziehen und in feine Ringe schneiden. Die Paprika halbieren, Samen und Trennwände entfernen, Fruchtfleisch in feine Streifen schneiden. Knoblauch abziehen, durchdrücken.

**3** In einem Topf 2 Esslöffel Olivenöl erhitzen. Zwiebelringe darin mit einer Prise Salz bei mittlerer Hitze andünsten, Paprikastreifen und Knoblauch hinzugeben.

**4** Alles zusammen bei reduzierter Hitze 5 Minuten schmoren lassen, mit Salz abschmecken. Die Tomatenwürfel und das Bouquet garni hinzufügen und alles bei schwacher Hitze garen, bis die Paprika zart ist, aber noch Biss hat.

**5** Inzwischen 3 Esslöffel Olivenöl erhitzen, die Zucchinischeiben darin bei mittlerer Hitze andünsten. Auf Küchenpapier abtropfen lassen. Die Auberginen im restlichen Olivenöl rundum anbraten. Herausnehmen und auf Küchenpapier abtropfen lassen.

**6** Zucchini und Auberginen zum Gemüse geben, mit Salz und Pfeffer abschmecken und zugedeckt etwa 40 Minuten köcheln lassen. Kräutersträußchen entfernen und mit Landbrot servieren.

Frankreichs Natur ist ein unerschöpflicher Gemüsegarten. Ratatouille stammt traditionell aus Südfrankreich und wanderte von dort aus in viele Teile Europas. Die Spezialität bestand ursprünglich nur aus Zwiebeln, Auberginen und Tomaten. Es lassen sich aber nahezu alle Gemüsesorten zu diesem köstlichen Eintopf verarbeiten.

# Hauptgerichte und Beilagen

## Lammfilets mit rotem Reis

**Für 4 Portionen**
*250 g roter Reis aus der Camargue* ✱ *1 TL Salz* ✱ *Pfeffer* ✱ *8 Lammfilets à 70 g* ✱ *Öl*
**Für die Ratatouille:**
*1 Zucchino (etwa 150 g)* ✱ *1 kleine Aubergine* ✱ *2 rote Paprikaschoten* ✱ *1 kleine Fenchelknolle* ✱ *5 Tomaten* ✱ *2 Zwiebeln* ✱ *4 Knoblauchzehen* ✱ *7 EL Olivenöl* ✱ *375 g Tomatenstückchen (aus der Dose)* ✱ *2 EL Tomatenmark* ✱ *$^1/_8$ l trockener Weißwein* ✱ *1 Lorbeerblatt* ✱ *2 TL getrocknete Kräuter der Provence* ✱ *Salz* ✱ *Pfeffer aus der Mühle* ✱ *1 Prise Zucker*

Qualitativ hochwertiges Lammfleisch sollte rosa gefärbt und von weißen (nicht gelblichen) Fettschichten durchzogen sein. Dann ist es schön zart und stammt von jungen Lämmern statt von älteren Schafen oder Hammeln.

**1** Den roten Reis gründlich waschen. In eine große Pfanne geben, Salz hinzufügen, $^1/_2$ Liter kochendes Wasser angießen und wieder zum Kochen bringen. Anschließend die Pfanne abdecken, die Hitze reduzieren und den Reis ungefähr 45 Minuten zugedeckt bei kleiner Flamme köcheln lassen. Die Herdplatte anschließend abschalten und den Reis in der geschlossenen Pfanne etwa 15 bis 20 Minuten nachgaren lassen.

**2** Für die Ratatouille den Zucchino waschen, Spitze und Stielansatz entfernen und würfeln. Die Aubergine waschen und ebenfalls würfeln. Die Paprikaschoten waschen, Samen und Trennwände entfernen, das Fruchtfleisch fein würfeln. Die Fenchelknolle putzen und würfeln.

**3** Die Tomaten mit heißem Wasser überbrühen, häuten, vierteln und entkernen, dabei die Stielansätze entfernen.

**4** Die Zwiebeln und die Knoblauchzehen abziehen und in feine Stückchen hacken.

**5** Zucchino, Aubergine, Paprika, Fenchel und Zwiebeln in einem großen Topf im heißen Olivenöl nacheinander anbraten. Herausnehmen und Gemüse gut abtropfen lassen.

**6** Den Knoblauch braten. Das Gemüse zum Knoblauch in die Pfanne geben. Tomatenstückchen, Tomatenmark, Wein, Lorbeerblatt und Kräuter hinzufügen.

**7** Mit einer Prise Salz, etwas Pfeffer und einer Prise Zucker abschmecken und zugedeckt auf kleiner Flamme 10 bis 12 Minuten schmoren lassen.

**8** Die Lammfilets abspülen, trockentupfen und im heißen Öl von beiden Seiten etwa 5–8 Minuten anbraten. Mit Salz und Pfeffer würzen und mit Ratatouille und rotem Reis garniert servieren.

*Lammfilets mit rotem Reis: Diese Speise eignet sich fantastisch als festliches Essen. Durch den roten Reis wirkt das Gericht originell und interessant.*

Ingwer ist fester Bestandteil der asiatischen Küche und wird gern mit Knoblauch kombiniert. Ingwer wird als Einmachgewürz für Zucchini, Gurken und Kürbisse verwendet. Die gesunde Wurzel regt den Appetit an und enthält den Gerinnungshemmer Gingerol, der in seiner chemischen Struktur dem Aspirin ähnlich ist.

## Lammspieß mit Zucchini

**Für 4 Portionen**
*800 g Lammfleisch ✱ 2 Zucchini (etwa 300 g) ✱ 2 rote Paprikaschoten ✱ 4 Zwiebeln ✱ Pflanzenöl*
**Für die Marinade:**
*3 EL Sonnenblumenöl ✱ 1 EL Limettensaft ✱ 2 EL Jogurt ✱ 1/2 TL Cayennepfeffer ✱ 1 TL Kurkuma ✱ 1 TL frische, fein gehackte Ingwerwurzel ✱ 1 TL zerstoßene Koriandersamen*
**Für die Sauce:**
*3 Frühlingszwiebeln ✱ 2 Knoblauchzehen ✱ 1/2 Gurke ✱ 550 g Kefir ✱ 1/2 TL Kardamom ✱ 1/2 TL Pfeffer aus der Mühle ✱ 1/2 TL Piment ✱ 1/2 TL Salz*
**Außerdem:**
*300 g gekochter Basmatireis*

**1** Das Lammfleisch in mundgerechte Stücke beziehungsweise 1 mal 1 Zentimeter große Würfel schneiden.

**2** Die Zucchini waschen, Spitzen und Stielansätze entfernen und in 1 1/2 Zentimeter dicke Scheiben schneiden. Die Paprika waschen, Samen und Trennwände entfernen, das Fruchtfleisch in Stücke schneiden. Die Zwiebeln abziehen und vierteln.

**3** Die Zutaten für die Marinade gut verrühren. Die Marinade über das Fleisch gießen und alles gut miteinander vermengen. Ungefähr 1 Stunde abgedeckt durchziehen lassen.

**4** Das Gemüse und das Fleisch abwechselnd auf Metallspieße stecken. Mit dem Öl bepinseln und in der Pfanne von beiden Seiten braten.

**5** Für die Sauce die Frühlingszwiebeln putzen und schneiden, den Knoblauch abziehen und fein hacken. Die Gurke schälen und raspeln.

**6** Frühlingszwiebeln, Knoblauch, Kefir und Gewürze gut vermischen. Zum Schluss die Gurkenraspel dazugeben. Die Sauce zu den Spießen reichen.

### TIPP

**Zwiebeln**

**Mit der Zwiebel, die ursprünglich aus Zentralasien kommt, können Sie alle kulinarischen Hürden nehmen. Setzen Sie die Frucht ganz nach Belieben ein! Sie hat einen scharfes, würziges und tränenreizendes Aroma. Wird die Frucht aber geröstet, verändert sich ihr Aroma und wird süßlich. Im getrockneten Zustand sind Zwiebeln im Geschmack dem Knoblauch ähnlich.**

## Penne mit Zucchini und Leber

**Für 4 Portionen**
*3 Zucchini (etwa 400 g) ✱ 2 Knoblauchzehen ✱ 3 Tomaten ✱ 10 EL Olivenöl ✱ 1/2 TL getrockneter Thymian ✱ Salz ✱ Pfeffer aus der Mühle ✱ 500 g Penne (oder breite Hartweizennudeln) ✱ 300 g Kalbsleber ✱ 1 EL Mehl ✱ 2 EL gehackte Petersilie*

**1** Die Zucchini waschen, Spitzen und Stielansätze entfernen und in feine Würfel schneiden. Die Knoblauchzehen abziehen und fein hacken.

**2** Die Tomaten mit heißem Wasser überbrühen, häuten, würfeln und entkernen, dabei die Stielansätze entfernen.

**TIPP**

**Kalbsleber**

**Nützen Sie das Wissen über die gesunden Inhalte Ihrer Lebensmittel: Kalbsleber beispielsweise führt die Hitliste der Vitamin-B12-Lieferanten vor Krebsfleisch und Camembert an und verfügt zudem über einen hohen Anteil an Vitamin B6. Vitamin B6 hilft dem Körper, mit Stress fertig zu werden.**

**3** Die Hälfte des Olivenöls in einer großen Pfanne erhitzen und den Knoblauch darin bei mittlerer Hitze andünsten, aber nicht braun werden lassen.

**4** Die Zucchiniwürfel dazugeben und zugedeckt und unter Schütteln der Pfanne in 4 bis 5 Minuten goldbraun braten. Mit Thymian bestreuen und mit Salz und Pfeffer würzen.

**5** Die Nudeln nach Packungsanweisung bissfest kochen, dabei etwas Salz und Öl ins Kochwasser geben.

**6** Inzwischen die Kalbsleber in Würfel schneiden und leicht mit Mehl bestäuben. 3 Esslöffel Olivenöl in einer Pfanne erhitzen und die Fleischwürfel darin in wenigen Minuten anbraten.

**7** Pfanne vom Herd nehmen und die Kalbsleber zu den Zucchini geben. Alles zusammen mit den Tomatenwürfeln und der gehackten Petersilie vermengen.

**8** Die Nudeln in ein Sieb geben und abgießen.

**9** Die abgetropfte Pasta zur Fleischsauce in die Pfanne geben und bei mittlerer Hitze etwa 1 bis 2 Minuten gut miteinander vermengen. Die Mischung mit dem restlichen Olivenöl beträufeln und das Ganze sofort servieren.

In Leber steckt viel Eisen, das für den Aufbau roter Blutkörperchen, die im Blut den Sauerstoff transportieren, unverzichtbar ist. Vegetarier müssen viel Grüngemüse und Vollkornprodukte essen, um trotz Fleischverzicht eine ausreichende Menge des Minerals aufzunehmen.

## Moussaka mit Zucchini

**Für 4 Portionen**
*1 kg Zucchini* ✱ *4 Tomaten* ✱ *2 Zwiebeln* ✱ *2 Knoblauchzehen* ✱ *6 EL Olivenöl* ✱ *600 g Lammhackfleisch* ✱ *200 ml trockener Weißwein* ✱ *Salz* ✱ *Pfeffer aus der Mühle* ✱ *1 Prise Zucker* ✱ *2 EL gehackte Petersilie* ✱ *3 EL Semmelbrösel* ✱ *5 EL frisch geriebener Parmesan* ✱ *4 EL Butter* ✱ *4 EL Mehl* ✱ *300 ml Milch* ✱ *1 Prise frisch geriebene Muskatnuss* ✱ *3 Eier*

Sie können für die griechische Moussaka die Zucchini auch in Semmelbrösel wenden, durch zwei verquirlte Eier ziehen und dann in Olivenöl goldbraun braten. Dazu sollte das Zucchinifleisch aber vorab entwässert werden. Die Scheiben mit Salz bestreuen, 10 Minuten ziehen lassen, dann die Flüssigkeit mit einem Küchenpapier aufsaugen.

**1** Zucchini waschen, Spitzen und Stielansätze entfernen und in $^1/_2$ Zentimeter dicke Scheiben schneiden. Tomaten mit heißem Wasser überbrühen, häuten, würfeln und entkernen, die Stielansätze entfernen. Zwiebeln und Knoblauchzehen abziehen und hacken.

**2** 3 Esslöffel Olivenöl in einer Pfanne erhitzen und die Zucchinischeiben darin portionsweise von beiden Seiten goldbraun braten. Herausnehmen und auf Küchenpapier abtropfen lassen.

**3** Das restliche Olivenöl in einer Pfanne erhitzen und die Zwiebeln darin weich dünsten. Knoblauch und das Lammfleisch dazugeben. Das Fleisch kurz anbraten. Sobald es Farbe angenommen hat, den Weißwein angießen.

**4** Die Tomatenwürfel dazugeben, mit Salz und Pfeffer würzen, Zucker und Petersilie unterrühren. Die Mischung auf kleiner Flamme 20 Minuten köcheln lassen. Die Semmelbrösel unterheben und 3 Esslöffel Parmesan dazugeben. Die Pfanne vom Herd nehmen.

**5** Unterdessen für die Béchamelsauce die Butter erhitzen, das Mehl hineinsieben und anschwitzen. Mit der Milch langsam aufgießen und glatt rühren. Langsam aufkochen lassen, dabei ständig mit einem Metallspachtel am Boden umrühren. Mit Salz, Pfeffer und Muskatnuss abschmecken. 15 Minuten köcheln lassen, wiederholt umrühren.

**6** 2 Eier verquirlen und in die Sauce rühren. Den restlichen Parmesan unterziehen. Den Backofen auf 180 °C vorheizen.

**7** Eine feuerfeste, rechteckige Form mit Butter ausstreichen und mit der Hälfte der Zucchinischeiben belegen. Das restliche Ei verquirlen und unter die Hackfleischmasse geben. Die Hälfte der Fleischmasse auf den Zucchinischeiben verteilen.

**8** Je eine weitere Schicht Zucchini und Hackfleischmasse auflegen, bis alle Zutaten verbraucht sind. Das Ganze mit der Béchamelsauce begießen und im Backofen 1 Stunde überbacken.

## Gebratene Hähnchenkeulen

**Für 4 Portionen**
*4 Hähnchenkeulen ✱ Salz ✱ Pfeffer aus der Mühle ✱ 1 Prise Cayennepfeffer ✱ 2 Knoblauchzehen ✱ 6 EL Olivenöl ✱ 2 Thymianzweige ✱ 1 Rosmarinzweig*
**Für die Knoblauchsauce:**
*4 junge Zucchini (etwa 300 g) ✱ 3 Zwiebeln ✱ 5 Knoblauchzehen ✱ 4 EL Olivenöl ✱ 100 ml Rotwein ✱ 400 ml Geflügelfond ✱ 4 Tomaten ✱ 1 EL Speisestärke ✱ Salz ✱ Pfeffer aus der Mühle*

**1** Die gewaschenen und trockengetupften Hähnchenkeulen von allen Seiten mit Salz, Pfeffer und Cayennepfeffer einreiben.

**2** Die Knoblauchzehen abziehen, durch die Presse drücken und mit 3 Esslöffel Olivenöl gut verrühren.

**3** Die Hähnchenkeulen in der Öl-Knoblauch-Marinade mit den Kräuterzweigen zugedeckt im Kühlschrank 8 Stunden durchziehen lassen. Den Backofen auf 180 °C vorheizen.

**4** Die Keulen aus der Marinade nehmen und im restlichen Olivenöl anbraten. Zum Garen etwa 25 Minuten in den Ofen stellen.

**5** Währenddessen die Zucchini waschen, Spitzen und Stielansätze entfernen und in kleine Würfel schneiden. Zwiebeln und Knoblauchzehen abziehen und grob hacken.

**6** Zucchiniwürfel und Zwiebeln im heißen Öl dünsten, bis sie goldbraun sind, den Knoblauch dazugeben und kurz mitdünsten.

**7** Die Kräuterzweige aus der Marinade nehmen, zu der Zucchini-Zwiebel-Mischung in die Pfanne geben. Den Rotwein angießen. Sobald der Rotwein eingekocht ist, den Geflügelfond dazugeben. Das Ganze weiterkochen lassen, bis das Gemüse weich ist.

**8** Die Tomaten mit heißem Wasser überbrühen, häuten, vierteln und entkernen, dabei die Stielansätze entfernen. Die Knoblauchsauce einmal aufwallen lassen, eventuell Speisestärke mit etwas Wasser anrühren und in die Sauce geben, damit sie schön sämig wird. Mit Salz und Pfeffer würzen.

**9** Die Tomatenviertel in die Sauce geben. Mit den Hähnchenkeulen servieren.

**TIPP**

**Guter Wein**

**Verwenden Sie zum Kochen keinen zu herben Rotwein, er könnte das Gericht in seinen Nuancen verfälschen.**

Hähnchenkeulen sind schmackhaft und kalorienarm und eignen sich daher gut für Ernährungsbewusste. Bei der Zubereitung muss Geflügel vor allem in den Sommermonaten wegen Salmonellengefahr gründlich gewaschen und jeweils stark durchgebraten werden.

Pflanzenöle enthalten Vitamin E in hoher Konzentration. Bei regelmäßiger Verwendung von kaltgepresstem Olivenöl, Sonnenblumen- oder Sojaöl ist eine ausreichende Vitamin-E-Zufuhr gewährleistet.

## Seelachs-Zucchini-Spieße

**Für 4 Portionen**
*2 Zucchini (etwa 250 g) * 20 Cocktailtomaten * 800 g Seelachsfilets * Saft von ½ Zitrone * Salz * Pfeffer aus der Mühle * 150 g Frühstücksspeck * 2 EL Olivenöl*
**Für die Paprikasauce:**
*1 große rote Paprikaschote * 1 Schalotte * 1 EL Olivenöl * 150 g saure Sahne * ½ Bund Petersilie*

**1** Die Zucchini waschen, Spitzen und Stielansätze entfernen und in 16 Scheiben schneiden. Die Cocktailtomaten waschen.

### TIPP

**Fisch macht fit**

**Fisch, Meerestiere und manche Sorten Trinkwasser sind Nahrungsmittel, in denen Jod enthalten ist. Durch unsere heutige Ernährung muss das wichtige Spurenelement ausreichend zugeführt werden. Essen Sie Seefisch mindestens zweimal die Woche. Zusätzliches Würzen mit Jod-Salz ist sinnvoll. Das im Fisch enthaltene Eiweiß ist zudem wichtig für den Aufbau von Zellen und Gewebe.**

**2** Die Fischfilets waschen, trockentupfen, mit Zitronensaft beträufeln und mit Salz und Pfeffer würzen. Die Filets in große Würfel schneiden, die Würfel mit dem Speck umwickeln.

**3** Fischstückchen, Zucchini und Tomaten abwechselnd auf Holzspieße stecken.

**4** In der Zwischenzeit für die Sauce die Paprikaschote waschen, Samen und Trennwände entfernen, Fruchtfleisch fein würfeln. Die Schalotte abziehen und fein hacken.

**5** Das Olivenöl in einem Topf erhitzen. Paprika- und Zwiebelwürfel darin im geschlossenen Topf etwa 15 Minuten weich dünsten. Beiseite stellen.

**6** Das Olivenöl in einer großen, schweren Pfanne erhitzen. Die Spieße unter mehrmaligem Wenden von allen Seiten etwa 8 Minuten braten.

**7** Für die Sauce die Paprika und die Zwiebel mit dem Schneidestab des Handrührers pürieren. Die saure Sahne unterheben und erhitzen.

**8** Die Sauce mit der fein gehackten Petersilie bestreuen und mit Salz und Pfeffer abschmecken. Die Seelachs-Zucchini-Spieße mit der Sauce servieren.

*Seelachs-Zucchini-Spieße: für wahre Fischfreunde eine besondere Überraschung, die auf einer leckeren Fischplatte hervorragend zur Geltung kommt.*

Gesund und lecker: Meeresfrüchte und Seefisch enthalten viel verdauliches Eiweiß und das für die Schilddrüse lebenswichtige Jod. Kaltwasser-Fischsorten wie beispielsweise Lachs liefern außerdem auch die mehrfach ungesättigten Omega-3-Fettsäuren.

## Kabeljau mit Caponata

**Für 4 Portionen**
**Für die Caponata:**
*2 Zucchini (etwa 250 g)* ✱ *1 große Aubergine* ✱ *Salz* ✱ *2 rote Zwiebeln* ✱ *2 Stangen Staudensellerie* ✱ *500 g reife Tomaten* ✱ *175 ml Olivenöl* ✱ *3 EL Mehl* ✱ *Pfeffer aus der Mühle* ✱ *75 g entsteinte Oliven* ✱ *3 EL Kapern* ✱ *4 EL Rotweinessig* ✱ *1 EL brauner Zucker*
**Für die Fischfilets:**
*3 EL Mehl* ✱ *Salz* ✱ *Pfeffer aus der Mühle* ✱ *4 Kabeljaufilets (etwa 800 g)* ✱ *4 EL Olivenöl* ✱ *4 Rosmarinzweige*

**1** Die Zucchini waschen, Spitzen und Stielansätze entfernen und fein würfeln. Die Aubergine waschen, in 1 Zentimeter große Würfel schneiden und in eine Schüssel mit Salzwasser legen. Nach 15 Minuten herausnehmen, abtropfen lassen und sorgfältig trockentupfen.

**2** Die Zwiebeln abziehen und fein hacken. Den Staudensellerie putzen und fein würfeln. Die Tomaten mit heißem Wasser überbrühen und häuten. Das Fruchtfleisch würfeln und entkernen, dabei die Stielansätze entfernen.

**3** Inzwischen 120 Milliliter Olivenöl in einer großen, ofenfesten Pfanne erhitzen. Das Mehl mit Salz und Pfeffer würzen, die Auberginenwürfel im Mehl wenden und portionsweise etwa 5 bis 8 Minuten im heißen Öl frittieren, bis sie goldbraun und weich sind. Aubergine auf Küchenpapier entfetten.

**4** Die Pfanne auswischen und das restliche Olivenöl erhitzen. Die Zwiebeln darin etwa 3 Minuten andünsten, dann Zucchini- und Selleriewürfel hinzufügen und alles zusammen weitere 5 Minuten dünsten.

**5** Zum Schluss die Auberginen, Tomaten, Oliven und Kapern zusammen mit dem Essig und dem Zucker unterrühren. Auf kleiner Flamme 10 Minuten garen. Mit Salz und Pfeffer kräftig abschmecken. Den Ofen auf 200 °C vorheizen.

**6** Das Mehl mit Salz und Pfeffer würzen und die Fischfilets darin wenden.

**7** Die Hälfte des Öls in einer großen Pfanne erhitzen. Die Fischfilets darin mit den Rosmarinzweigen rundum 3 Minuten braten.

**8** Fisch und Rosmarinzweige auf die Gemüsemischung legen und im Ofen weitere 10 Minuten garen. Mit dem restlichen Olivenöl beträufeln und sofort servieren.

## Schwertfischfilets mit Zucchini

**Für 4 Portionen**
*7 junge Zucchini (etwa 700 g) ✱ 1 TL Meersalz ✱ 10 EL Olivenöl ✱ 3 Schalotten ✱ 3 Knoblauchzehen ✱ 500 g Tomaten ✱ 4 Schwertfischfilets à 200 g ✱ Saft von 1 Limette ✱ Salz ✱ Pfeffer aus der Mühle ✱ 1 Rosmarinzweig ✱ 1/2 Bund Petersilie*

**1** Die Zucchini waschen, Spitzen und Stielansätze entfernen, mit Meersalz bestäuben. In der Pfanne in 3 Esslöffel heißem Olivenöl 5 Minuten anbraten.

**2** Schalotten und die Knoblauchzehen abziehen, fein hacken. Die Tomaten heiß überbrühen, häuten, würfeln und entkernen. Stielansätze entfernen.

**3** Die Fischfilets mit Limettensaft beträufeln, nebeneinander in eine gut geölte Auflaufform legen und mit den Zucchini umlegen. Den Backofen auf 200 °C vorheizen.

**4** Die Schalotten in einer großen Pfanne mit dem restlichen Olivenöl glasig dünsten, Tomaten und Knoblauch dazugeben und mit Salz und Pfeffer abschmecken. Die Mischung bei mittlerer Hitze zu einer sämigen Sauce einkochen lassen und auf dem Fisch und den Zucchini verteilen. Leicht mit Rosmarinnadeln bestreuen.

**5** Die Fisch-Zucchini-Mischung im Backofen bei 200 °C 15 Minuten backen. Mit gehackter Petersilie bestreuen.

**TIPP**

**Zitronensaft**

**Wenn Sie frischen Fisch mit Zitrone beträufeln, schmeckt das Fleisch kräftiger und wird beim Kochen fester.**

## Schellfischfilets mit Zucchini

**Für 4 Portionen**
*6 Zucchini (etwa 800 g) ✱ 4 Schellfischfilets (etwa 800 g) ✱ Saft von 1 Zitrone ✱ Salz ✱ 2 EL gehobelte Erdnüsse ✱ 50 g Butter ✱ 3 EL Semmelbrösel ✱ Pfeffer aus der Mühle ✱ 1 Rosmarinzweig ✱ 3 EL Olivenöl ✱ 150 ml Gemüsebrühe ✱ 1/2 Bund Petersilie ✱ Öl für das Blech*

**1** Die Zucchini waschen, Spitzen und Stielansätze entfernen. In feine Scheiben schneiden. Die Fischfilets mit 2 Esslöffel Zitronensaft beträufeln und salzen.

**2** Die Nüsse in einer Pfanne ohne Fett rösten. Die Butter zerlassen, vom Feuer nehmen, mit Semmelbröseln, Erdnüssen und restlichem

Klassische Fischgewürze sind Dill, Estragon und der teure Safran. Intensiver Fischgeruch kann vermieden werden, indem man vor der Weiterverarbeitung ein bis zwei Spritzer Zitronensaft auf den frischen oder aufgetauten Fisch gibt.

Zitronensaft vermischen, mit Salz und Pfeffer abschmecken. Backofen auf 180 °C vorheizen.

**3** Das Backblech mit Öl bestreichen, Zucchinischeiben um die Filets legen. Die Semmelbröselmischung auf den Filets verteilen, mit fein gehacktem Rosmarin bestreuen und mit Olivenöl beträufeln.

**4** Alles mit 100 Milliliter Gemüsebrühe begießen und im Ofen knusprig backen. Zwischendurch Gemüsebrühe angießen. Mit fein gehackter Petersilie bestreuen und heiß servieren.

## Pilzpfanne mit Gnocchi

**Für 4 Portionen**
**Für die Gnocchi:**
*1 kg mehlig kochende Kartoffeln * 250 g Mehl * 1/2 Bund Petersilie * 1 Ei * 1 Eigelb * 1 Prise Salz * 1 EL Olivenöl*
**Für das Gemüse:**
*3 Zucchini (etwa 350 g) * 600 g Pfifferlinge * 2 Schalotten * 3 Knoblauchzehen * 80 g getrocknete Steinpilze * 6 EL Butter * Salz * Pfeffer aus der Mühle * 3 EL Olivenöl * 1 1/2 Bund Petersilie * 2 EL trockener Weißwein*

Verwenden Sie zum Putzen von Pfifferlingen und Champignons einen Küchenpinsel oder ein feuchtes Tuch, das reicht aus. Unter fließendem Wasser saugen sich die Wald- und Wiesenbewohner mit Flüssigkeit voll und verlieren an Geschmack.

**1** Die Kartoffeln in der Schale weich kochen, schälen und noch heiß durch eine Kartoffelpresse auf ein bemehltes Holzbrett drücken. Mehl, gehackte Petersilie, Ei, Eigelb und Salz untermischen und zu einem glatten Teig kneten. Die Hände mit Mehl einstäuben.

**2** Aus dem Teig Rollen von etwa 2 Zentimeter Durchmesser formen. Diese mit einem Messer in 2 Zentimeter lange Stücke schneiden. Mit einer Gabel längs eindrücken und zu ovalen Klößchen (Gnocchi) formen. Portionsweise in siedendem Salzwasser garen. Sobald die Gnocchi an die Oberfläche steigen, sind sie gar.

**3** Mit einem Schaumlöffel herausnehmen, gut abtropfen lassen, mit Olivenöl beträufeln. Inzwischen die Zucchini waschen, Spitzen und Stielansätze entfernen und fein würfeln. Die Pfifferlinge putzen. Die Schalotten und die Knoblauchzehen abziehen und fein hacken. Steinpilze ebenfalls fein hacken.

**4** 3 Esslöffel Butter in einer großen Pfanne erhitzen, Pfifferlinge und Zucchini darin bei starker Hitze anbraten, salzen und pfeffern. Die Hitze reduzieren und weitere 5 Minuten garen.

**5** Knoblauch, Schalotten und die getrockneten Steinpilze mit dem Olivenöl dazugeben. 2 Minuten unter ständigem Rühren köcheln lassen. Etwas Wasser einrühren.

Butterrest dazugeben, nochmals abschmecken und 3 Minuten bei mittlerer Hitze reduzieren.

**6** Die Gnocchi mit der gehackten Petersilie zum Aufwärmen in die Pfanne geben, mit Weißwein ablöschen und heiß servieren.

TIPP

**Steinpilze**

**Getrocknete Pilze vor dem Verarbeiten etwa eine Stunde in heißem Wasser ziehen lassen und abgießen.**

## Pizza mit Tomaten und Pecorino

**Ergibt 2 Pizzen**

**Für den Teig:**

*60 ml Milch ✱ 1 $^1/_4$ TL Trockenhefe ✱ 1 Ei ✱ 1 Eigelb ✱ 140 g Mehl ✱ $^1/_4$ TL Meersalz ✱ Olivenöl*

**Für den Belag:**

*1 Zucchino ✱ 500 g Tomaten ✱ 100 g Champignons ✱ $^1/_2$ Bund Basilikum ✱ $^1/_4$ TL Oregano ✱ Meersalz ✱ 100 g geriebener Pecorino*

**1** Die Milch auf 60 °C erhitzen und in eine Schüssel geben. Trockenhefe in die lauwarme Milch einrühren und etwa 10 Minuten ruhen lassen, bis die Masse sämig ist. Ei und Eigelb unterrühren, zum Schluss Mehl und Salz hineingeben.

**2** Die Masse auf einer bemehlten Arbeitsfläche 8 bis 10 Minuten kneten, bis ein weicher, elastischer Teig entstanden ist. Aus dem Teig eine Kugel formen und in eine mit Öl eingefettete Schüssel legen, mit Plastikfolie bedecken und in circa 60 bis 70 Minuten auf doppelte Größe aufgehen lassen. Backofen auf 250 °C vorheizen.

**3** Den Zucchino waschen, Spitze und Stielansatz entfernen und in dünne Scheiben schneiden. Die Tomaten überbrühen, häuten, würfeln und entkernen. Die Pilze putzen und blättrig schneiden. Basilikum putzen, Blätter grob zerpflücken.

**4** Den Pizzateig in zwei Hälften teilen. Die Hälften $^1/_2$ Zentimeter dick kreisförmig ausrollen. Das Backblech mit Öl einpinseln. Die Teighälften dünn mit Öl bestreichen und auf das Backblech legen.

**5** Auf den Pizzahälften die Tomatenwürfel, die Zucchini- und Pilzscheiben, Basilikum, Oregano, Salz und Käse verteilen.

**6** Die Pizzen in den Ofen schieben und etwa 8 bis 10 Minuten bei 230 °C backen, bis der Teig goldbraun und der Käse geschmolzen ist.

Die Pizza, wie wir sie heute kennen, wurde im 19. Jahrhundert in Neapel erfunden. Die ursprünglich süditalienische Pizza hatte keine dicke Randkruste wie die Pfannenvariante, sondern einen dünnen und knusprigen Boden. Typisch war der Belag mit Tomate und Mozzarella.

## Fettuccine mit Erbsen

**Für 4 Portionen**
*2 junge Zucchini (etwa 200 g) ✱ 1 rote Paprikaschote ✱ 1 rote Zwiebel ✱ 4 Tomaten ✱ 3 EL Olivenöl ✱ 1 EL Butter ✱ 150 g Erbsen ✱ 1/4 TL Oreganoblättchen ✱ Salz ✱ Pfeffer ✱ 500 g Fettuccine ✱ 4 EL geriebener Parmesan ✱ 1 EL geschnittenes Basilikum*

Fettuccine gehören zu den Bandnudeln, die es in verschiedenen Varianten gibt. Breiter als Fettuccine sind etwa Tagliatelle. Nudelsorten können in den meisten Rezepten ganz nach Belieben variiert werden. Manche Sorten, so auch die Tagliatelle, saugen allerdings Saucen besonders gut auf.

**1** Den Backofen auf 180 °C vorheizen. Die Zucchini waschen, Spitzen und Stielansätze entfernen und schneiden. Die Paprikaschote im Backofen rösten. Dabei wenden, damit sie gleichmäßig braun wird.

**2** Die Paprika in eine Plastiktüte geben, diese fest verschließen und etwa 30 Minuten stehen lassen. Die Haut lässt sich jetzt leicht abziehen. Kerne, Stielansatz und die weißen Seitenwände ebenfalls entfernen und die Schote in feine Streifen schneiden.

**3** Die Zwiebel abziehen und fein hacken. Die Tomaten mit heißem Wasser überbrühen. Die Haut abziehen, dann das Fruchtfleisch fein würfeln und entkernen, dabei die Stielansätze entfernen.

**4** Öl und Butter in der Pfanne erhitzen, Zwiebelwürfel und Zucchinistreifen darin bei mittlerer Hitze andünsten, Paprikastreifen hinzufügen und mitdünsten. Tomatenwürfel und Erbsen unterrühren, mit den gehackten Oreganoblättchen bestreuen und mit Salz und Pfeffer würzen.

**5** Die Hitze reduzieren und das Gemüse bei schwacher Hitze 10 Minuten schmoren, bis es gar ist.

**6** Fettuccine bissfest kochen, gut abtropfen lassen und zum Gemüse in die Pfanne geben.

**7** Bei schwacher Hitze alles 1 bis 2 Minuten gut miteinander vermengen. Vom Herd nehmen, mit dem Parmesan vermischen und mit Basilikum bestreuen.

**TIPP**

**Frisches Gemüse**

**Verwenden Sie möglichst nur frisches Gemüse. In Konserven gehen zu viele gesunde Inhaltsstoffe verloren. In 100 Gramm frischen Erbsen beispielsweise sind 116 Milligramm Magnesium enthalten, in Konservenerbsen nur 29 Millligramm.**

*Fettuccine mit Erbsen: italienische Genüsse auf dem heimischen Esstisch. Eine Saucenkreation, die Ihre Gäste und Pastaliebhaber überraschen wird.*

## Fusilli mit Tomaten und Mozzarella

**Für 4 Portionen**
*1 Zucchino (etwa 150 g) * 500 g Tomaten * 1 Zwiebel * 150 g Mozzarella * 5 EL Olivenöl * Meersalz * 1 Msp. Oregano * 3 EL frisch geriebener Pecorino * 500 g Fusilli*

**1** Den Zucchino waschen, Spitze und Stielansatz entfernen und in feine Streifen schneiden. Die Tomaten überbrühen, häuten, würfeln und entkernen. Die Zwiebel abziehen und fein hacken. Den Mozzarella in dünne Streifen schneiden.

**2** Das Olivenöl in einer Pfanne erhitzen. Zwiebel glasig dünsten, die Zucchinistreifen hinzufügen und ungefähr 4 Minuten mitdünsten. Die Tomatenwürfel dazugeben, salzen und mit Oregano würzen. Weitere 5 Minuten schmoren lassen.

**3** Mozzarella und Pecorino hinzufügen. Die Hitze reduzieren und alles unter ständigem Rühren schmoren lassen, bis die Zucchini gar sind. Fusilli in leicht gesalzenem Wasser bissfest kochen. Backofen auf 220 °C vorheizen.

**4** Die Nudeln in der Pfanne mit der Tomatensauce vermischen. In einer feuerfesten Form 5 bis 7 Minuten überbacken.

Einen deftigeren und nussigen Geschmack erhalten Nudeln, wenn sie aus Vollkornmehl hergestellt sind. Auch Mais-, Hirse- oder Reisnudeln sind interessante Varianten für verschiedenste Arten von Nudelsaucen.

### TIPP

**Nudeln kochen**

**Italiener schrecken frische Nudeln nie ab, da die Teigwaren die Sauce so schlechter aufnehmen könnten. Die Nudeln werden abgegossen und noch sehr heiß mit Sauce, Butter oder Öl gemischt.**

## Penne mit Zucchini und Ricotta

**Für 4 Portionen**
*1 kg junge Zucchini * Salz * 4 Knoblauchzehen * 3 EL Olivenöl * 1 Bund Basilikum * 500 g Penne * 400 g Ricotta * Pfeffer aus der Mühle * 150 g frisch geriebener Parmesan oder Pecorino*

**1** Die Zucchini waschen, Spitzen und Stielansätze entfernen, das Gemüse im Ganzen in kochendem Salzwasser 2 Minuten blanchieren. Abgießen, abkühlen lassen und schräg in 1 Zentimeter dicke Scheiben schneiden. Knoblauch abziehen und hacken.

**2** Das Olivenöl in einer großen schweren Pfanne erhitzen, den Knoblauch darin bei schwacher Hitze weich dünsten, aber nicht braun werden lassen. Die Zucchinischeiben dazugeben und weitere 5 Minuten garen lassen.

**3** Das Basilikum abbrausen, trockenschwenken und die Blätter fein schneiden.

**4** Inzwischen die Penne nach Packungsanweisung in gesalztem Wasser bissfest kochen, gut abtropfen lassen und mit den Zucchinischeiben vermischen. Den zerbröckelten Ricotta darüber streuen und gut verteilen.

**5** Mit Salz und Pfeffer kräftig abschmecken, mit Basilikum und Parmesan bestreuen. Das Gericht sofort servieren.

## Penne mit Tomaten und Anchovis

**Für 4 Portionen**
*1 großer Zucchino (etwa 200 g) ✱ 2 Knoblauchzehen ✱ 2 EL Olivenöl ✱ 2 EL Butter ✱ 10 Anchovifilets ✱ 600 g geschälte Tomaten (aus der Dose) ✱ 10 entsteinte schwarze Oliven ✱ 1 EL Kapern ✱ 500 g Penne ✱ frisch geriebener Parmesan*

**1** Den Zucchino waschen, Spitze und Stielansatz entfernen und in feine Würfel schneiden. Die Knoblauchzehen abziehen und fein hacken.

**2** Olivenöl und Butter in einer großen Pfanne erhitzen. Knoblauch und abgespülte und trockengetupfte Anchovis darin erhitzen, die Zucchiniwürfel dazugeben und kurz andünsten. Die geschälten Tomaten hinzufügen und dabei mit der Gabel grob zerteilen.

**3** Anschließend die Sauce kurz aufkochen lassen, die Hitze dann rasch reduzieren und zugedeckt etwa 5 bis 7 Minuten köcheln lassen. Gehackte Oliven und Kapern hinzufügen und weitere 5 Minuten unter ständigem Rühren kochen lassen.

**4** Die Penne nach Packungsanweisung bissfest kochen, gut abtropfen lassen und mit der Tomatensauce vermischen. Mit frisch geriebenem Parmesan servieren.

## Spaghetti mit Zucchini

**Für 4 Portionen**
*1 kg Zucchini ✱ $^1/_2$ l Pflanzenöl ✱ 125 g milder Provolone, ersatzweise anderen milden Käse ✱ $^1/_2$ Bund Basilikum ✱ 125 g frisch geriebener Parmesan ✱ 50 g Butterflöckchen ✱ Salz ✱ Pfeffer aus der Mühle ✱ 500 g Spaghetti*

**1** Die Zucchini waschen, Spitzen und Stielansätze entfernen und in etwa 2 Millimeter dicke Scheiben schneiden.

Die würzigen Anchovis, also eingelegte Sardellen, sollten vor der Zubereitung in Milch oder in Wasser eingeweicht und danach trockengetupft werden. Auf diese Weise wird das überschüssige Salz entfernt.

Spaghetti sind die Nudelklassiker schlechthin, die ihren Weg von Italien in die ganze Welt gegangen sind. Sie können die Gerichte aber auch mit Ablegern wie den dünneren Spaghettini zubereiten, die eine entsprechend kürzere Garzeit haben.

**2** Nacheinander in heißem Öl ausbacken, bis sie leicht gebräunt sind. Auf Küchenpapier abtropfen lassen.

**3** Den Provolone würfeln. Die Basilikumblätter waschen und fein schneiden.

**4** Die Zucchini mit den beiden Käsesorten, dem Basilikum, Butterflöckchen, Salz und Pfeffer in mehreren Lagen in eine große Schüssel schichten.

**5** Die Spaghetti nach Packungsanweisung bissfest kochen, gut abtropfen lassen und mit den Zucchini vermischen.

**6** Die Zucchini-Spaghetti-Mischung mit Öl beträufeln, in eine große Pfanne geben und auf kleiner Flamme kurz erhitzen, dabei mehrmals wenden. Heiß servieren.

## Spaghetti mit Garnelen

**Für 4 Portionen**

*1 junger Zucchino (etwa 100 g) ✱ 600 g mittelgroße Garnelen, geschält und geputzt ✱ 4 große Knoblauchzehen ✱ $^1/_2$ Bund Petersilie ✱ 500 g Spaghetti ✱ 60 ml Olivenöl ✱ $^1/_2$ TL Chiliflocken ✱ $^1/_8$ l trockener Weißwein ✱ 5 EL Milch ✱ Meersalz*

**1** Den Zucchino schälen und mit Hilfe eines Zestenreißers dünne Streifen schneiden.

**2** Die Knoblauchzehen abziehen und fein hacken. Die Petersilie abbrausen, trockenschwenken und die Blättchen in feine Stückchen hacken.

**3** Die Spaghetti in leicht gesalzenem Wasser bissfest kochen und abtropfen lassen.

**4** Unterdessen in einer großen schweren Pfanne das Olivenöl erhitzen, den Knoblauch und die Chiliflocken darin unter ständigem Rühren 2 bis 3 Minuten bei schwacher Hitze dünsten. Der Knoblauch darf nicht braun werden.

**5** Die Garnelen dazugeben und bei mittlerer Hitze 5 Minuten braten, bis die Garnelen rosa sind. Den Weißwein angießen, das Ganze 3 bis 4 Minuten reduzieren lassen.

**6** Anschließend die Milch und die Zucchinistreifen hinzufügen. Alles gut mischen und etwa 3 Minuten bei schwacher Hitze köcheln lassen, bis die Sauce sämig ist.

**7** Die Spaghetti zur Sauce geben und gleichmäßig untermischen. Mit Salz abschmecken und ausreichend mit der gehackten Petersilie bestreuen.

*Spaghetti mit Garnelen: ein edler Vertreter aus dem Reich der Pasta. Das Nudelgericht eignet sich ebenso gut als Vorspeise zu Fischgerichten.*

Zucchini lassen sich wunderbar für Risotto-Gerichte verwenden. Der originale Risottoreis ist der norditalienische Arborio mit seinem unverwechselbaren Aroma. Man kann den Arborioreis aber ohne Probleme durch andere Rundkorn-Reissorten ersetzen.

## Tagliatelle mit Zucchini und Ei

**Für 4 Portionen**

*6 junge Zucchini (etwa 600 g) * 200 ml Olivenöl * 500 g Tagliatelle * Salz * Pfeffer aus der Mühle * Chiliflocken nach Belieben * 5 Eier * 1 Bund Basilikum * 8 EL frisch geriebener Pecorino*

**1** Die Zucchini waschen, Spitzen und Stielansätze entfernen und in winzige Würfel schneiden. Die Zucchiniwürfel portionsweise wenige Sekunden im heißen Olivenöl anbräunen, herausnehmen und auf Küchenpapier abtropfen. Zucchini zur Seite stellen und abkühlen lassen.

**2** Die Tagliatelle nach Packungsanweisung bissfest kochen, gut abtropfen lassen, mit Salz, Pfeffer und Chiliflocken würzen und sofort zurück in die heiße Pfanne geben.

**3** Die verquirlten Eier dazugeben, alles miteinander vermengen, die Eier nur wenige Sekunden stocken lassen.

**4** Das Basilikum abbrausen, trockenschwenken und die Blätter fein schneiden. Die Zucchiniwürfel, die Hälfte vom Käse und das Basilikum unterheben. Mit dem restlichen Pecorino bestreuen und sofort servieren.

## Risotto mit Zucchini

**Für 4 Portionen**

*6 junge Zucchini (etwa 600 g) * 3 Zwiebeln * 1 Knoblauchzehe * 3 EL Olivenöl * Salz * 1 1/4 l Fleischbrühe * 3 EL Butter * 450 g Risottoreis * Pfeffer aus der Mühle * 8 EL frisch geriebener Parmesan * 1 EL gehackte Petersilie*

**1** Die Zucchini waschen, Spitzen und Stielansätze entfernen und in 1 Zentimeter dicke Scheiben schneiden. Zwiebeln und Knoblauchzehe abziehen und fein hacken.

**2** Olivenöl in einem großen schweren Topf erhitzen. Zwiebeln dazugeben und darin bei mittlerer Hitze glasig andünsten, Hitze reduzieren, Knoblauch hinzufügen. Sobald der Knoblauch Farbe annimmt, Zucchinischeiben dazugeben und bei mittlerer Hitze 10 Minuten braten, salzen und weitere 10 bis 15 Minuten braten, bis die Zucchini goldbraun sind.

**3** Inzwischen die Brühe in einem anderen Topf langsam zum Kochen bringen.

**4** 2 Esslöffel Butter unter die Zucchini rühren, den Reis hinzufügen und bei mittlerer bis starker Hitze immer wieder wenden, bis die Reiskörner glasig sind.

**5** 100 Milliliter kochende Brühe angießen und unter ständigem Rühren kochen lassen, bis die Reiskörner die Flüssigkeit ganz aufgesogen haben. Dabei darauf achten, dass sich der Reis nicht anlegt. Unter ständigem Rühren immer wieder etwas Brühe angießen und einkochen lassen, bis die Reiskörner nach 15 bis 20 Minuten weich sind, aber noch Biss haben. Im Topf sollte noch so viel Brühe sein, dass das Risotto leicht flüssig ist.

**6** Vom Herd nehmen, pfeffern, die restliche Butter und die Hälfte des Parmesans hinzufügen. Alles gut miteinander vermengen, mit Salz abschmecken und mit Petersilie bestreuen. Mit dem restlichen Parmesan servieren.

## Zucchinigratin

**Für 4 Portionen**

*7 junge Zucchini (etwa 700 g)* ✱ *Salz* ✱ *2 Zwiebeln* ✱ *400 g Provolone* ✱ *$^1/_2$ Bund Petersilie* ✱ *2 EL Olivenöl* ✱ *Pfeffer aus der Mühle* ✱ *60 g frisch geriebener Parmesan* ✱ *6 EL Semmelbrösel*

**1** Die Zucchini waschen, Spitzen und Stielansätze entfernen und in $^1/_2$ Zentimeter dicke Scheiben schneiden. In kochendem Salzwasser 1 bis 2 Minuten blanchieren. Das Wasser abgießen und die Zucchini abkühlen lassen.

**2** Die Zwiebeln abziehen und fein würfeln. Den Käse in dünne Scheiben schneiden. Die Petersilie abbrausen, trockenschwenken und die Blättchen fein schneiden.

**3** Inzwischen den Backofen auf 175 °C vorheizen und eine feuerfeste Form mit Öl ausreiben.

**4** Das Olivenöl in einer Pfanne erhitzen und die Zwiebeln darin glasig dünsten. Mit den Zucchini in eine Schüssel geben, vermischen und mit Salz und Pfeffer würzen.

**5** Parmesan, Petersilie und Semmelbrösel in eine andere Schüssel geben, miteinander vermengen und mit Salz abschmecken.

**6** Die Zucchini und die Zwiebeln abwechselnd mit der Parmesanmischung in die feuerfeste Form schichten.

**7** Zum Schluss den Provolone darauf verteilen. Im heißen Backofen etwa 20 Minuten backen, bis der Käse geschmolzen und leicht gebräunt ist.

**TIPP**

**Kochen Sie »light«**

**Bepinseln Sie die Pfanne mit wenig Öl, und gießen Sie das Fett nach dem Anbraten ab!**

Pfeffer ist neben Salz das meist gebrauchte Gewürz auch in der europäischen Küche. Der Geschmack des Pfeffers ist beißend scharf und würzig. Die Schärfe ist bei weißem Pfeffer sehr ausgeprägt, grüner Pfeffer dagegen schmeckt milder. Hauptanbaugebiete des feurigen Gewürzes sind heute Indien und Indonesien.

## Gemüseauflauf aus der Provence

**Für 4 Portionen**
*800 g Kartoffeln* ✱ *2 Zucchini (etwa 250 g)* ✱ *700 g Tomaten* ✱ *400 g Spinat* ✱ *200 g kleine Champignons* ✱ *4 Schalotten* ✱ *2 Knoblauchzehen* ✱ *2 EL Olivenöl zum Andünsten* ✱ *Salz* ✱ *Pfeffer aus der Mühle* ✱ *1 Prise frisch geriebene Muskatnuss* ✱ *$^1/_2$ Bund Petersilie* ✱ *1 Rosmarinzweig* ✱ *$^1/_8$ l trockener Weißwein* ✱ *3 EL frisch geriebener Pecorino oder Parmesan*

In diesem würzigen Auflauf aus der französischen Provence verbergen sich gleich mehrere Lebensmittel, die regelrecht als Energiespender durchgehen können. Allein in Spinat sind beispielsweise die wertvollen Nährstoffe Kalzium, Folsäure, Zink und Eisen enthalten.

**1** Die Kartoffeln schälen. Die Zucchini und die Tomaten waschen, Spitzen und Stielansätze der Zucchini entfernen. Kartoffeln, Zucchini und Tomaten in etwa 3 Millimeter dicke Scheiben schneiden.

**2** Den Spinat putzen und gründlich waschen. Die Blattstiele entfernen. In Salzwasser kurz blanchieren, in Eiswasser abschrecken und abtropfen lassen. Grob hacken.

**3** Die Champignons putzen und vierteln. Die Schalotten und die Knoblauchzehen abziehen und fein hacken.

**4** Schalotten und Knoblauch in 1 Esslöffel heißem Olivenöl anschwitzen. Die Champignons dazugeben und bei großer Hitze dünsten, bis alle Flüssigkeit verdampft ist. Mit Salz und Pfeffer würzen. Den Backofen auf 180 °C vorheizen.

**5** Eine feuerfeste, eingeölte Form mit den Kartoffelscheiben auslegen, dabei auch den unteren Rand bedecken. Mit Salz, Pfeffer und etwas Muskatnuss bestreuen.

**6** Den Spinat auf die Kartoffeln schichten. Mit Salz bestreuen. Anschließend abwechselnd die Tomaten- und Zucchinischeiben auf dem Spinat verteilen. Mit der gehackten Petersilie und den gehackten Rosmarinnadeln bestreuen, mit dem restlichen Olivenöl beträufeln und den Wein angießen. Im Backofen etwa 20 Minuten garen.

**7** Anschließend die Champignonmischung und den Käse auf dem Auflauf verteilen. Weitere 10 Minuten im Ofen backen.

**TIPP**

**Kartoffeln**

**Lagern Sie Kartoffeln am besten immer an einem kühlen, dunklen Ort. Wenn Speisekartoffeln dem Tageslicht ausgesetzt werden, entstehen Bitterstoffe, die zu gesundheitlichen Schäden führen können.**

## Zucchini mit Speck

**Für 4 Portionen**

*12 junge Zucchini (etwa 1 kg) ✱ 250 g aufgeschnittene Pancetta (italienischer Bauchspeck) ✱ 1 große Zwiebel ✱ 2 Knoblauchzehen ✱ 450 g geschälte Tomaten (aus der Dose) ✱ ½ Bund Petersilie ✱ 4 EL Olivenöl ✱ Salz ✱ Pfeffer aus der Mühle*

**1** Die Zucchini waschen, Spitzen und Stielansätze entfernen und in 1 Zentimeter dicke Scheiben schneiden.

**2** Den Speck in Streifen schneiden. Zwiebel und Knoblauchzehen abziehen und fein hacken.

**3** Die Tomaten in ein Sieb geben, den Saft auffangen und das Fruchtfleisch grob hacken. Die Petersilie waschen, trockenschwenken, die Blättchen abzupfen und grob hacken.

**4** Speck, Zwiebel, Knoblauch und Petersilie im erhitzten Olivenöl andünsten, bis die Zwiebel weich ist. Tomaten und Tomatensaft dazugeben und weitere 5 Minuten kochen, dabei gelegentlich umrühren.

**5** Zum Schluss die Zucchinischeiben unterziehen und 20 Minuten köcheln lassen, bis die Zucchini gar sind. Mit Salz und Pfeffer abschmecken. Heiß servieren.

Der italienische Pancetta ist ein ungeräucherter, fetter Speck aus Schweinebauch. Gewürzt mit Salz, Pfeffer und verschiedenen Kräutern wird er zu einer Wurst gerollt und in feine Scheiben geschnitten.

*Zucchini mit Speck: Genießen Sie die grandiose Mischung aus deftigem italienischem Speck und der Milde der Zucchinifrüchte.*

Die Basis für den häufig als Fleischersatz verwendeten Tofu ist die Sojabohne. Die kleine Frucht wird in Asien schon seit Jahrhunderten in der Küche verwendet und gilt als eiweißreich und gut verdaulich. Der kalorienarme Tofu erfreut sich auch in Europa immer größerer Beliebtheit.

## Linguine alla primavera

**Für 4 Portionen**
*1 junger gelber Zucchino * 1 rote Paprikaschote * 3 Frühlingszwiebeln * 1 Bund Basilikum * 2 EL Olivenöl * 500 g Linguine * 125 g Ricotta * Salz * Pfeffer aus der Mühle*

**1** Den Zucchino waschen, Spitze und Stielansatz entfernen, zuerst quer in dünne Scheiben, dann in Streifen schneiden. Paprika waschen, halbieren, Samen und Trennwände entfernen, Fruchtfleisch ebenfalls in schmale Streifen schneiden. Frühlingszwiebeln putzen, in 5 Zentimeter lange Stücke und diese in dünne Streifen schneiden. Das Basilikum abbrausen, trockenschwenken und die Blätter fein hacken.

**2** Olivenöl in einer großen schweren Pfanne erhitzen, die Gemüsestreifen darin bei schwacher Hitze weich dünsten.

**3** Inzwischen die Pasta nach Packungsanweisung bissfest kochen, gut abtropfen lassen. Etwas Nudelwasser auffangen.

**4** Ricotta mit Basilikum zum Gemüse geben und mit 4 Esslöffeln Nudelwasser glatt rühren. Mit Salz und Pfeffer aus der Mühle abschmecken und mit den gekochten Linguine vermischen.

## Gemüsepfanne mit Tofu

**Für 4 Portionen**
*250 g Tofu * 10 g Ingwerwurzel * 3 Knoblauchzehen * 4 Frühlingszwiebeln * 1 rote Chilischote * 2 Zucchini * 2 Möhren * 150 g Bohnensprossen * 200 g Zuckerschoten * 1 gelbe Paprikaschote * 1 rote Paprikaschote * 3 EL Erdnussöl * 125 ml Gemüsebrühe * 1 EL gehacktes Koriandergrün * 2 EL gehobelte Mandeln*

**1** Den Tofu in 2 Zentimeter große Würfel schneiden. Ingwer schälen und fein schneiden. Knoblauch schälen und fein hacken. Frühlingszwiebeln putzen und in feine Ringe schneiden. Chilischote waschen, halbieren, entkernen und fein hacken.

**2** Zucchini waschen, Spitzen und Stielansätze entfernen und in 1 Zentimeter dicke Scheiben schneiden. Möhren schälen und fein stifteln. Bohnensprossen abbrausen und verlesen. Zuckerschoten putzen und im Ganzen verwenden. Paprika waschen, halbieren, Samen und Trennwände entfernen, Fruchtfleisch in Rauten schneiden.

**3** Öl im Wok erhitzen, die Tofuwürfel braten und auf Küchenpapier abtropfen lassen.

**4** Ingwer, Knoblauch, Frühlingszwiebeln und Chili unter ständigem Rühren dünsten. Möhren hinzufügen und weitere 5 Minuten braten. Zucchini, Zuckerschote und Paprika dazugeben und 2 Minuten braten. Gemüsebrühe angießen und alles 5 Minuten auf kleiner Flamme kochen lassen. Bohnensprossen und Tofuwürfel dazugeben.

**5** Mit Koriandergrün und Mandeln bestreuen und sofort heiß servieren.

## Lammfleisch mit Paprika und Reis

**Für 4 Portionen**

*500 g Lammfleisch aus der Keule (mit dünner Fettschicht, ohne Knochen) ✱ 3 Schalotten ✱ 2 Zucchini ✱ 3 Tomaten ✱ 1 rote Paprikaschote ✱ 100 g Champignons ✱ 300 g Basmatireis ✱ 2–3 EL Butter ✱ 1 TL getrockneter Thymian ✱ Salz ✱ Pfeffer aus der Mühle ✱ 2 Frühlingszwiebeln ✱ 1/2 Bund Petersilie*

**1** Das Fleisch waschen und trockentupfen. Das Fett wegschneiden und klein würfeln. Fleisch in etwa 1 Zentimeter große Würfel schneiden.

**2** Die Schalotten abziehen und fein hacken. Zucchini waschen, Spitzen und Stielansätze entfernen und in 1 Zentimeter dicke Scheiben schneiden. Die Tomaten mit heißem Wasser überbrühen und häuten. Das Fruchtfleisch würfeln und entkernen, dabei die Stielansätze entfernen. Paprika waschen, halbieren, Samen und Trennwände entfernen, das Fruchtfleisch in feine Streifen schneiden. Die Pilze waschen und in Scheiben schneiden.

**3** Unterdessen den Reis nach Packungsanweisung kochen.

**4** Eine schwere, gusseiserne Pfanne erhitzen. Fettwürfel darin auslassen. Das Fleisch dazugeben und etwa 10 Minuten rundherum anbraten.

**5** Butter und Gemüse zufügen und etwa 1 Minute unter ständigem Rühren andünsten. Pilze dazugeben, mit Thymian bestreuen und weitere 2 Minuten mitbraten. Hitze reduzieren. Alles etwa 5 Minuten schmoren lassen. Mit Salz und Pfeffer abschmecken. Zum Schluss den Reis untermischen.

**6** Inzwischen die Frühlingszwiebeln putzen, waschen und in feine Ringe schneiden. Petersilie waschen und trockenschütteln. Die Blättchen abzupfen und fein hacken

**7** Das Gericht mit Petersilie und Frühlingszwiebeln bestreuen und sofort servieren.

Paprikapflanzen wachsen in fast jedem Klima und werden daher weltweit gezüchtet. Um das charakteristische Aroma zu erhalten, ist Wärme bei der Reifung allerdings nötig. In Europa werden Paprika besonders in Spanien, Rumänien und Ungarn sowie im ehemals jugoslawischen Raum angebaut.

## Zucchini mit Tomatensauce

**Für 4 Portionen**
*8 junge Zucchini (etwa 700 g) * 2 Eier * Salz * Pfeffer aus der Mühle * 3 EL Mehl * 4 EL Butter * 5 EL Olivenöl*
**Für die Tomatensauce:**
*500 g reife Tomaten * 1 Möhre * 1 Stange Staudensellerie * 1 Knoblauchzehe * 1–2 EL Olivenöl * 1 Rosmarinzweig * 1 Prise Zucker * 1/2 Bund Basilikum*
**Außerdem:**
*Butter für die Form * 150 g frisch geriebener Parmesan * 1 EL Butterflöckchen*

Die Selleriepflanze ist neben Petersilie ein beliebtes Küchenkraut und wird auch als Gemüse verzehrt. Die gehackten Blätter dienen häufig der Dekoration. Meist wird Sellerie in Suppen und Eintöpfen des Geschmacks wegen mitgekocht. Die Selleriewurzel findet sich in vielen Rezeptvarianten und besonders in Salaten als leckeres Gemüse wieder.

**1** Die Zucchini waschen, Spitzen und Stielansätze entfernen, schräg in 1 Zentimeter dicke Scheiben schneiden und trockentupfen. Die Eier mit etwas Salz und Pfeffer verrühren.

**2** Zucchini in Ei wenden, bemehlen und nochmals in Ei wenden. Auf beiden Seiten in Butter und Olivenöl goldbraun braten. Auf Küchenpapier entfetten.

**3** Für die Tomatensauce die Tomaten mit heißem Wasser überbrühen, häuten, grob würfeln und entkernen, dabei die Stielansätze entfernen. Die Möhre, den Sellerie und die Knoblauchzehe schälen oder putzen und in feine Würfel schneiden.

**4** Gemüse im erhitzten Öl leicht andünsten, aber nicht bräunen. Rosmarinnadeln abzupfen und fein hacken. Mit Tomaten und Zucker zum Gemüse geben und bei sanfter Hitze etwa 1 Stunde garen.

**5** Die angerührte Sauce durch ein Sieb passieren.

**6** Das Basilikum abbrausen, trockenschwenken, fein schneiden und unterrühren. Den Backofen auf 180 °C vorheizen.

**7** In eine feuerfeste, gebutterte Form Zucchinischeiben, Tomatensauce und Parmesan schichten. Den krönenden Abschluss bildet die mit Parmesan bestreute Tomatensauce.

**8** Einige Butterflöckchen darauf setzen und 20 bis 30 Minuten im Backofen backen.

## Zucchini mit Fleischfüllung

**Für 4 Portionen**
*4 Zucchini (etwa 500 g) * 1 Möhre * 1 Zwiebel * 1 Knoblauchzehe * 1/2 Bund Petersilie * 1/2 Bund Basilikum * 300 g Tomaten * 4 EL Olivenöl * 300 g gemischtes Hackfleisch * Salz * Pfeffer aus der Mühle * 5 EL frisch geriebener Parmesan * 200 g Mozzarella*

**1** Die Zucchini waschen, Spitzen und Stielansätze entfernen, der Länge nach halbieren und aushöhlen. Die Möhre putzen und fein würfeln. Zwiebel und Knoblauchzehe abziehen und fein hacken.

**2** Die Kräuter abbrausen, trockenschwenken und fein hacken.

**3** Die Tomaten mit heißem Wasser überbrühen, häuten, würfeln und entkernen, dabei die Stielansätze entfernen.

**4** Die Zwiebel in 3 Esslöffel heißem Olivenöl unter Rühren andünsten. Knoblauch, Möhre, Petersilie, Basilikum und das Hackfleisch zugeben. Sobald das Fleisch schön braun ist, die Tomatenwürfel dazugeben. Mit Salz und Pfeffer kräftig abschmecken.

**5** Die Sauce zugedeckt auf kleiner Flamme 1 Stunde weich schmoren. Den Backofen auf 170 °C vorheizen.

**6** Die Masse in die ausgehöhlten Zucchini füllen und gut hineindrücken. Die Zucchinihälften in eine geölte feuerfeste Form setzen und etwa 30 Minuten im Backofen garen.

**7** Die Form herausnehmen, die Zucchini mit Parmesan bestreuen, mit Mozzarellascheiben belegen und kurz überbacken. Mit dem restlichen Olivenöl beträufeln.

## Gefüllte Zucchini mit Tomaten

**Für 4 Portionen**
*4 Zucchini (etwa 500 g) * Salz * 2 Milchbrötchen vom Vortag * 4 EL Olivenöl * 5 Knoblauchzehen * 250 g Ziegenmilch-Frischkäse * Pfeffer aus der Mühle * 500 g Cocktailtomaten * Butter für die Form*
**Für die Béchamelsauce:**
*4 EL Butter * 4 EL Mehl * 300 ml Milch * Salz * Pfeffer aus der Mühle * 1 Prise geriebene Muskatnuss * 1 Spritzer Zitronensaft*

**1** Spitzen und Stielansätze der Zucchini entfernen und die Zucchini in 3 bis 4 Stücke schneiden. Zucchinistücke aushöhlen und in kochendem Salzwasser 2 Minuten kochen. Abgießen und gut abtropfen lassen.

**2** Die Milchbrötchen vom Vortag fein würfeln und im heißen Öl rösten. Die Knoblauchzehen abziehen, durch die Presse drücken und hinzugeben.

**3** Brötchen und Knoblauch mit dem Frischkäse vermischen. Mit Salz und Pfeffer würzen. Die Mischung in die Zucchini füllen. Zucchini und Tomaten in eine feuerfeste, gebutterte Form geben.

**4** Für die Sauce die Butter erhitzen, das Mehl hineinsieben und

Die feine Béchamelsauce, die auch mit ein wenig Zwiebel zubereitet werden kann, ist nach dem Marquis de Béchamel, dem Haushofmeister von Ludwig XIV., benannt. Man isst die leckere Sauce außerdem gerne zu Lasagne, Spargelgerichten und Fisch.

Unter den zahlreichen Tomatensorten sind die Cocktailtomaten die kleinsten Exemplare. Sie werden auch als Kirschtomaten bezeichnet, da sie in Form und Farbe den Kirschen ähnlich sind. Cocktailtomaten können auch auf dem heimischen Balkon gezüchtet werden und zeichnen sich durch ihr festes, süßliches Fruchtfleisch aus.

alles gut verrühren. Mit der Milch langsam aufgießen, dabei mit einem Schneebesen glatt rühren. Langsam aufkochen lassen, mit Salz, Pfeffer, Muskatnuss und Zitronensaft abschmecken, 15 Minuten köcheln lassen.

**5** Dabei wiederholt umrühren. Die Sauce gleichmäßig über dem Gemüse verteilen. Unterdessen den Backofen auf 200 °C vorheizen.

**6** Die Auflaufform in den Backofen stellen und 40 bis 50 Minuten backen.

**TIPP**

**Schafskäse**

**Frischen Feta erkennt man gut daran, dass er von der Molke, in der er gereift ist, tropft. Schafskäse wurde ursprünglich aus reiner Schafsmilch hergestellt und kommt traditionell aus den südlichen und südöstlichen Mittelmeerländern. Heute wird Schafskäse hauptsächlich aus Kuhmilch gewonnen, wobei ein Mindestanteil an Schafsmilch von circa 15 Prozent enhalten sein muss. Weitere bekannte Sorten sind der Roquefort aus Frankreich und der deftige Pecorino aus Italien.**

## Zucchinigemüse mit Schafskäse

**Für 4 Portionen**

*5–6 gelbe und grüne Zucchini (etwa 700 g) * 14 Cocktailtomaten * 2 Knoblauchzehen * 3 Schalotten * 3 EL Olivenöl * 1 Rosmarinzweig * 1 Thymianzweig * 3 EL Weißwein * 6 EL Gemüsebrühe * 250 g Schafskäse * Salz * Pfeffer aus der Mühle * 1/2 Bund Petersilie*

**1** Spitzen und Stielansätze der Zucchini entfernen. Die Zucchini der Länge nach halbieren, entkernen und in feine Scheiben schneiden. Die Tomaten waschen und halbieren. Knoblauchzehen und Schalotten abziehen und fein hacken.

**2** Die Zucchinischeiben mit dem Knoblauch und den Schalotten im heißen Olivenöl dünsten. Die Kräuterzweige hinzufügen. Mit dem Weißwein ablöschen und diesen reduzieren. Die Brühe beigeben und das Gemüse bissfest garen.

**3** Unterdessen den Schafskäse in Würfel schneiden und zum Gemüse geben. Mit Salz und Pfeffer würzen und mit gehackter Petersilie bestreuen.

**4** Die Cocktailtomaten dazugeben und alles nochmals erwärmen. Sofort servieren.

*Zucchinigemüse mit Schafskäse: leicht und köstlich für den Sommerabend. Servieren Sie dazu orientalisches Fladenbrot, frisches Weißbrot oder Buttertoast!*

## Zucchini mit Lauch im Filoteig

**Für 4 Portionen**
*5 junge Zucchini (etwa 500 g) ✱ Salz ✱ 2 Stangen Lauch ✱ 2 EL Olivenöl ✱ 250 g Schafskäse ✱ 1/2 Bund Petersilie ✱ 2 EL frisch geriebener Parmesan ✱ 4 Eier ✱ 125 g saure Sahne oder Crème fraîche ✱ 1 Prise frisch geriebene Muskatnuss ✱ Pfeffer aus der Mühle ✱ 150 g Butter ✱ 500 g Filoteig (griechischer Blätterteig)*

**1** Die Zucchini waschen, Spitzen und Stielansätze entfernen und fein hobeln. Mit Salz bestreuen, in ein Sieb legen, 30 Minuten Flüssigkeit ziehen lassen, abgießen und trockentupfen.

Beim Kauf von Lauch sollte auf eine frische grüne Farbe geachtet werden. Im Gemüsefach des Kühlschranks hält er sich bis zu acht Tagen. Lauch, der auch als Porree bezeichnet wird, liefert die Vitamine C und K, außerdem Kalium, Kalzium und Folsäure.

**2** Den Lauch waschen, in feine Ringe schneiden und in heißem Olivenöl andünsten. Den Schafskäse würfeln, die Petersilie fein hacken. Mit Gemüse und Parmesan vermengen.

**3** Die Eier verquirlen, die saure Sahne untermischen, mit Muskatnuss, Salz und Pfeffer würzig abschmecken. Die Eiermischung über das angedünstete Gemüse gießen und alles gut vermischen.

**4** Die Butter zerlassen. Eine große, rechteckige Auflaufform mit Butter ausstreichen. Ein Filotblatt in die Form legen und gleichmäßig mit zerlassener Butter einpinseln. Das Blatt sollte etwas größer als die Form sein. Den Rand andrücken.

**5** Die ganze Füllung auf dem ersten Teigblatt verteilen, mit den restlichen Blätterteigplatten belegen, dabei jedes Blatt mit Butter einpinseln. Das letzte Blatt mit Wasser bespritzen. Backofen auf 200 °C vorheizen.

**6** Den Blätterteig 40 bis 50 Minuten backen.

**TIPP**

**Filoteig**

**Filoteig wird an der Luft schnell brüchig und trocken und muss daher rasch verarbeitet werden. Die jeweils nicht benötigten Teigplatten sollten Sie mit einem feuchten Tuch abdecken.**

## Butter-Zucchini

**Für 4 Portionen**
*1 kg junge Zucchini ✱ 125 g Butter ✱ Salz ✱ Pfeffer aus der Mühle ✱ 1 Bund Petersilie ✱ 2 TL Limettensaft*

**1** Zucchini waschen, Spitzen und Stielansätze entfernen. Mit 4 Esslöffel Wasser, Butter, Salz und Pfeffer in einen Topf geben.

**2** Auf kleiner Flamme bei geschlossenem Topf garen, bis die Zucchini weich sind. Dabei häufig am Topf rütteln, damit das Gemüse nicht anbrennt.

**3** Auf einem flachen Teller anrichten, mit gehackter Petersilie bestreuen und mit Limettensaft beträufeln.

## Zucchini im Teigmantel

**Für 4 Portionen**
*3 Zucchini (etwa 400 g) ✱ 75 g Mehl ✱ Pflanzenöl ✱ Salz*

**1** Zucchini waschen, Spitzen und Stielansätze entfernen und in etwa 3 Millimeter dicke Scheiben schneiden.

**2** Für den Ausbackteig $^1/_4$ Liter Wasser in eine Schüssel gießen. Das Mehl nach und nach durch ein Sieb hineingeben und verrühren, bis der Teig glatt ist. Der Teig sollte eine Konsistenz wie Sauerrahm haben.

**3** In eine Pfanne 2 Zentimeter hoch Öl gießen und erhitzen. Es ist heiß genug, wenn ein 1 Zentimeter großer Brotwürfel in 30 Sekunden kross gebraten wird.

**4** Die Zucchinischeiben einzeln zuerst in den Teig tauchen, dann im Pflanzenöl von beiden Seiten ausbacken. Auf Küchenpapier kurz abtropfen lassen. Mit Salz bestreuen und sofort heiß servieren.

## Zucchini mit Basilikum

**Für 4 Portionen**
*1 kg Zucchini ✱ 2 rote Zwiebeln ✱ $^1/_2$ Bund Basilikum ✱ 3 EL Olivenöl ✱ 1 Würfel Hühnerbrühe ✱ Salz*

**1** Die Zucchini waschen, Spitzen und Stielansätze entfernen und in 1 Zentimeter dicke Scheiben schneiden. Die Zwiebeln abziehen und in feine Ringe schneiden.

**2** Basilikum abbrausen, trockenschwenken, Blätter in feine Stücke zerpflücken.

**3** Die Zwiebeln und die Zucchini in einer großen, beschichteten Pfanne circa 15 Minuten in Olivenöl dünsten, dabei immer wieder wenden.

**4** Den Brühwürfel zerkleinern, in die Pfanne dazugeben und zugedeckt bei mittlerer Hitze weitere 5 bis 7 Minuten braten, bis die Zucchini und die Zwiebeln leicht gebräunt sind.

**5** Kurz vor Ende der Garzeit das zerkleinerte Basilikum hinzufügen. Mit Salz abschmecken.

Rote Zwiebeln werden auch gern für Salate verwendet, weil sie einen etwas milderen Geschmack als weiße oder braune besitzen. Wenn man rote Zwiebeln kocht, verlieren sie ihre Farbe, nicht aber ihr charakteristisches Aroma.

Die Muskatnuss und ihre Blüte haben einen harzigen, warmen Gschmack. Die Muskatblüte ist im Aroma etwas zarter und feiner. Nach dem Mahlen verliert Muskat seinen Geschmack sehr schnell. Es ist daher nicht sinnvoll, die Nuss auf Vorrat zu mahlen. Frisch gemahlen schmeckt Muskat einfach besser.

## Zucchini-Sahne-Gemüse

**Für 4 Portionen**

*1 kg Zucchini ✱ $^1/_8$ l Gemüsebrühe ✱ $^1/_4$ TL gemahlene Muskatblüte (Mazis) ✱ 300 g Jogurt ✱ 125 g Sahne ✱ Salz ✱ Pfeffer aus der Mühle ✱ Etwas Speisestärke*

**1** Die Zucchini waschen, Spitzen und Stielansätze entfernen und in feine Scheiben schneiden. Die Gemüsebrühe zusammen mit der Muskatblüte aufkochen, die Zucchinischeiben dazugeben und bei milder Hitze 5 Minuten garen.

**2** Den Jogurt und die Sahne miteinander verquirlen und vorsichtig unter die Zucchini rühren, alles mit Salz und Pfeffer würzen.

**3** Damit die Sauce schön sämig wird, etwas Speisestärke mit Wasser anrühren und mit der Sahnesauce und dem Gemüse verrühren. Einmal aufkochen lassen, damit die Stärke bindet.

## Zucchini Mailänder Art

**Für 4 Portionen**

*3 Zucchini (etwa 500 g) ✱ 4 Tomaten ✱ 6 Frühlingszwiebeln ✱ 1 Knoblauchzehe ✱ 2 EL Olivenöl ✱ $^1/_2$ Bund Basilikum ✱ 1 EL Tomatenmark ✱ 1 Lorbeerblatt ✱ 1 Msp. Paprikapulver ✱ 2 EL trockener Weißwein ✱ Salz ✱ Pfeffer aus der Mühle*

**1** Die Zucchini waschen, die Spitzen und Stielansätze entfernen und in Scheiben schneiden. Die Tomaten mit heißem Wasser überbrühen, häuten, würfeln und entkernen, dabei die Stielansätze entfernen. Die Frühlingszwiebeln putzen und in dünne Ringe schneiden. Die Knoblauchzehe abziehen und fein hacken.

**2** 2 Esslöffel Olivenöl in einer großen, schweren Pfanne erhitzen und die Zucchinischeiben, Frühlingszwiebeln und den Knoblauch darin 3 Minuten anbraten. Das Gemüse dabei mehrfach wenden.

**3** Das Basilikum waschen, trockenschwenken, die Blätter abzupfen und fein schneiden. Basilikum zusammen mit dem Tomatenmark und dem Lorbeerblatt in die Pfanne geben und einrühren.

**4** Das Paprikapulver über das Gemüse stäuben und ebenfalls unterrühren. Den Weißwein darüber gießen, verrühren und zum Kochen bringen.

**5** Weitere 15 Minuten bei schwacher Hitze kochen lassen. Nochmals mit Salz und Pfeffer abschmecken und heiß servieren.

*Zucchini-Sahne-Gemüse: Das zarte, cremige Gemüse ist als Beilage vorzüglich geeignet und passt gut zu Fleisch aller Art.*

# Saucen und Dips

## Zucchinisauce mit Knoblauch

**Für 4 Portionen**
*4 große Zucchini (etwa 800 g) ✱ 3 EL Olivenöl ✱ 1/2 Knoblauchzehe ✱ 1/4 TL abgezupfte Thymianblättchen ✱ Cayennepfeffer ✱ Salz*

**1** Die Zucchini waschen, Spitzen und Stielansätze entfernen und in große Stücke schneiden. Die Stücke entsaften, bis Sie 2 Tassen Saft erhalten.

**2** 1 Esslöffel Olivenöl in einer Pfanne erhitzen. Den gehackten Knoblauch hinzufügen und dünsten. Die Hitze reduzieren, den Zucchinisaft und Thymian hinzufügen.

**3** Den Zucchinisaft zum Kochen bringen und vom Herd nehmen. Das restliche Olivenöl unterrühren. Mit Cayennepfeffer und Salz würzen.

Thymian stammt aus der Mittelmeerregion und passt neben Zucchini auch sehr gut zu Auberginen und Paprika. Das charakteristische Gewürz gibt vielen Gerichten den typischen Geschmack des Südens.

## Zucchinisauce mit Tomaten

**Für 4 Portionen**
*2 junge Zucchini (etwa 200 g) ✱ 3 Schalotten ✱ 6 Knoblauchzehen ✱ 600 g Tomaten ✱ 6 EL Olivenöl ✱ 2 EL Tomatenmark ✱ 1/8 l Rotwein ✱ 1 Kräutersträußchen aus je 2 Thymian- und Rosmarinzweigen und 3 Petersilienstängeln ✱ abgeriebene Schale von 1 unbehandelten Limette ✱ 1/2 Bund Petersilie ✱ Salz ✱ Pfeffer*

**1** Die Zucchini waschen, Spitzen und Stielansätze entfernen und in 1 Zentimeter dicke Scheiben schneiden. Die Schalotten und Knoblauchzehen abziehen und fein hacken. Die Tomaten mit heißem Wasser überbrühen, häuten, fein würfeln und entkernen.

**2** 4 Esslöffel Öl in einer Pfanne erhitzen, die Schalotten und den Knoblauch darin 8 Minuten andünsten, aber nicht braun werden lassen. Tomatenwürfel, Tomatenmark, Kräutersträußchen und Limettenschale hinzufügen, den Rotwein angießen und alles zum Kochen bringen.

**3** Die Hitze reduzieren und die Sauce 30 Minuten bei schwacher Hitze einkochen lassen.

**4** Inzwischen das restliche Olivenöl in einer großen Pfanne erhitzen. Die Zucchinischeiben darin auf beiden Seiten goldbraun braten. Die Petersilie fein hacken und zusammen mit den gebratenen Zucchini in die Sauce geben.

**5** Mit Salz und Pfeffer kräftig abschmecken und weitere 3 Minuten sanft köcheln lassen.

## Parmesan-Zucchini-Sauce

**Für 4 Portionen**

*2 Zucchini (etwa 300 g) ✱ Salz ✱ 100 g Sahne ✱ 1 EL Crème fraîche ✱ 50 g frisch geriebener Parmesan ✱ 2 EL gehacktes Basilikum ✱ Salz ✱ Pfeffer*

**1** Die Zucchini schälen, die Spitzen, Stielansätze und auch Kerne entfernen.

**2** Das Fruchtfleisch in kleine Würfel schneiden und in Salzwasser weich kochen.

**3** Abgießen und mit einem Stabmixer zu einer sämigen Masse pürieren. Sahne, Crème fraîche, Parmesan und Basilikum mit dem Zucchinipüree vermengen, salzen und pfeffern.

## Einfache Zucchinisauce

*Zucchini und Zwiebeln zu gleichen Teilen ✱ Olivenöl (3 EL auf 500 g) ✱ Salz ✱ Pfeffer aus der Mühle*

Zucchini und Zwiebeln schälen und grob raspeln. Olivenöl in einer Pfanne erhitzen. Zucchini- und Zwiebelraspel darin anbraten. Mit Salz und Pfeffer abschmecken und weich dünsten.

## Tomaten-Zucchini-Salsa

**Für 4 Portionen**

*1 Zucchino (etwa 150 g) ✱ 450 g Tomaten ✱ 2 rote Zwiebeln ✱ 1 rote Chilischote ✱ $^1/_2$ Bund Petersilie ✱ 2 TL getrockneter Majoran ✱ 3 EL Olivenöl ✱ Saft von 1 Zitrone ✱ Salz*

**1** Den Zucchino waschen, Spitze und Stielansatz entfernen und in winzige Würfel schneiden. Die Tomaten überbrühen, häuten, fein würfeln und entkernen. Zwiebeln abziehen und fein würfeln.

**2** Die Chilischote halbieren, Trennwände und Kerne entfernen, waschen und fein hacken. Die Petersilie waschen, trocknen, die Blättchen fein hacken.

**3** Zucchini, Tomaten, Zwiebeln und Chili mit der Petersilie, dem Majoran, dem Olivenöl und dem Zitronensaft in einer Schüssel miteinander vermischen, salzen und mindestens 1 Stunde im Kühlschrank durchziehen lassen.

**TIPP**

**Saucenvariante**

**Eine feine Sauce ergibt sich auch aus pürierten Zucchini mit Milch, Sahne, Pfeffer, Salz und Muskatnuss.**

Olivenöl hat in den letzten Jahren einen unglaublichen Siegeszug angetreten. Investieren Sie unbedingt in das beste und teuerste Öl, das Sie an der Aufschrift »natives Olivenöl extra« erkennen. Hierfür werden nur hochwertige Früchte ohne chemische Zusätze verwendet.

## Tsatsiki mit Zucchini

**Für 4 Portionen**

*1 junger Zucchino (etwa 100 g) ✱ 3 Knoblauchzehen ✱ 400 g griechischer Jogurt ✱ Salz ✱ 3 EL Olivenöl*

**1** Zucchino waschen, Spitze und Stielansatz entfernen und raspeln. Die Knoblauchzehen abziehen, durch die Presse drücken.

**2** Die Zucchinoraspel, den durchgedrückten Knoblauch und den Jogurt gut verrühren. Mit Salz abschmecken.

**3** Zum Servieren den Tsatsiki in kleine Portionsschälchen füllen, mit Salz abschmecken und mit einigen Tröpfchen Olivenöl beträufeln.

**4** Dazu griechisches Fladenbrot reichen.

Jogurt wird aus Sauermilch hergestellt und ist dadurch leicht verdaulich und gut bekömmlich. Das eiweiß- und kalziumhaltiges Milchprodukt wird bei uns erst seit Anfang des 20. Jahrhunderts verwendet, in der Balkanregion kennt man Jogurt schon deutlich länger.

*Tsatsiki mit Zucchini: So holen Sie Griechenland nach Hause und genießen Gedanken an schöne Urlaubstage. Schmeckt auch gut als Gemüsedip.*

## Kräuter-Zucchini-Quark

**Für 4 Portionen**

*1 junger Zucchino (etwa 100 g) * 250 g Quark (20 %) * 150 g Jogurt * $^1/_2$ Bund Schnittlauch * $^1/_2$ Bund Petersilie * 5 Kerbelzweige * 3 Estragonzweige * 2 Schalotten * 2 Knoblauchzehen * 1 EL Zitronensaft * 1 $^1/_2$ EL Olivenöl * Salz * Pfeffer aus der Mühle*

**1** Den Zucchino waschen, Spitze und Stielansatz entfernen und in kleine Würfel schneiden.

**2** Quark und Jogurt in eine Schüssel geben und miteinander verrühren.

**3** Die Kräuter abbrausen und trockenschwenken. Getrennt fein hacken. Die Schalotten abziehen und fein hacken. Die Knoblauchzehen abziehen und durch die Presse auf einen kleinen Teller drücken.

**4** Den Quark mit dem Zitronensaft verrühren, danach das Olivenöl dazugeben und den Quark glatt rühren. Mit Salz und Pfeffer würzen.

**5** Die Zucchiniwürfel, die Schalotten, den Knoblauch und die fein gehackten Kräuter unterziehen. 30 bis 40 Minuten im Kühlschrank ziehen lassen.

## Feiner ländlicher Gemüsequark

**Für 4 Portionen**

*500 g Speisequark * 150 g Crème fraîche * Salz * Pfeffer aus der Mühle * $^1/_2$ TL gemahlener Kümmel * 1 EL Limettensaft * 1 Bund Radieschen * 1 junger Zucchino (etwa 100 g) * 1 rote Zwiebel * 1 Bund Schnittlauch*

**1** Den Quark mit Crème fraîche, Salz, Pfeffer, Kümmel und Limettensaft gut verrühren.

**2** Die Radieschen putzen, die Hälfte zum Garnieren beiseite legen, den Rest in winzige Stücke würfeln.

**3** Den Zucchino putzen, Spitze und Stielansatz sauber entfernen und ebenso wie die abgezogene Zwiebel in winzige Würfel schneiden.

**4** Die Gemüsewürfel unter den gewürzten Quark heben, gut durchmischen und gegebenenfalls mit Salz und Pfeffer nachwürzen.

**5** Den Schnittlauch abbrausen, trockenschwenken und in Röllchen schneiden.

**6** Den Quark mit den restlichen Radieschen und Schnittlauchröllchen garnieren. Mit Pellkartoffeln servieren.

Frische Kräuter lassen sich nach dem Waschen und Zerkleinern sehr gut einfrieren. Geben Sie die gehackten Kräuter einfach in einen Eiswürfelbehälter, dann können Sie bei jeder Gelegenheit zum Würzen auf einen praktischen Kräutereiswürfel zurückgreifen.

# Zucchini konservieren

## Eingelegte Zucchini mit Knoblauch

**Für 3 Gläser à 1/2 Liter**
*1 kg Zucchini * 150 g Schalotten oder Perlzwiebeln * 5 Knoblauchzehen * 1 Rosmarinzweig * 1 Thymianzweig * 1 l Weinessig * 1/2 EL Pfefferkörner * 1 TL Koriander * 1 TL Fenchelsamen * 175 g Zucker * 1 EL Salz*

**1** Die Zucchini waschen, Spitzen und Stielansätze entfernen und in 1/2 Zentimeter dicke Scheiben schneiden. Schalotten und Knoblauchzehen abziehen. Kräuter waschen.

**2** Zucchini, Schalotten, Knoblauch und Kräuter in Twist-Off-Gläser schichten.

**3** 1/2 Liter Wasser aufsetzen, Essig, Pfefferkörner, Koriander, Fenchelsamen, Zucker und Salz dazugeben und kochen, bis sich der Zucker aufgelöst hat.

Pfefferkörner sollten immer in einem geschlossenen Gefäß aufbewahrt werden, da sonst die für den unverwechselbar guten Geschmack verantwortlichen ätherischen Öle verloren gehen.

**4** Den Sud heiß über die Zucchini gießen. Sofort verschließen. Am nächsten Tag den Sud abgießen, erneut aufkochen und den kochenden Sud wieder in die Gläser gießen. Sofort verschließen.

**5** Kühl gestellt ist das pikante Gemüse 6 Monate haltbar.

## Zucchini-Relish

**Für 3 Gläser à 1/2 Liter**
*1 kg Zucchini * 1 kg Zwiebeln * 4 Knoblauchzehen * 3 rote Chilischoten * 1/8 l Olivenöl * 1/8 l trockener Sherry * 4 EL Essigessenz (25 %) * Salz * Pfeffer aus der Mühle * 4 EL Zucker*

**1** Die Zucchini waschen, die Spitzen und Stielansätze entfernen und in kleine Würfel schneiden. Die Zwiebeln abziehen und ebenfalls fein würfeln. Die Knoblauchzehen abziehen und durch die Presse drücken. Die Chilischoten vorsichtig halbieren, Trennwände und Kerne entfernen, waschen und fein hacken.

**2** Das Öl in einem großen Topf bei mittlerer Hitze erwärmen. Zucchini und Zwiebeln dazugeben und unter Rühren 20 Minuten dünsten, aber nicht braun werden lassen.

**3** Durchgepressten Knoblauch, Chili, Sherry, Essigessenz, Salz, Pfeffer und Zucker dazugeben und alles gut miteinander vermengen. Weitere 30 Minuten dünsten.

**4** Heiß in die vorbereiteten Gläser füllen und verschließen. Kühl gestellt und dicht verschlossen hält sich das Relish etwa 2 bis 3 Monate.

*Zucchini-Relish: eine köstliche Beigabe zu Fleisch und Fisch. Relish ist eine Gewürzsauce und wird weltweit in verschiedenen Varianten hergestellt.*

## Milchsaures Allerlei

**Für 6 Gläser à 1/2 Liter**
*3 gelbe Zucchini (etwa 400 g) ✱ 6 feste Tomaten ✱ 2 grüne Paprikaschoten ✱ 3 große rote Paprikaschoten ✱ 3 kleine Zwiebeln ✱ 6 Estragonblätter ✱ Dillsamen ✱ Salz (20 g Salz pro 1 l Wasser)*

**1** Die Zucchini waschen, Spitzen und Stielansätze entfernen und in 1 Zentimeter dicke Scheiben schneiden. Die Tomaten waschen und vierteln. Die Paprika waschen, Samen und Trennwände entfernen, Fruchtfleisch in 1 Zentimeter breite Streifen schneiden. Die Zwiebeln abziehen und fein hacken.

**2** Die Gemüsezutaten und die Gewürze schichtweise in die vorbereiteten Gläser füllen, dabei darauf achten, dass die Gläser nur bis etwa 4 Zentimeter unter dem Rand gefüllt werden.

Zitrusschale von unbehandelten Früchten verleiht zahlreichen Gerichten ein köstliches, fruchtiges Aroma. Die Schale darf jedoch nicht zu großzügig abgerieben werden, weil die weiße Haut direkt darunter sehr bitter schmeckt.

**3** 3 Liter Wasser mit dem Salz aufkochen, abkühlen lassen und über das Gemüse gießen. Das Gemüse muss gut bedeckt sein. Reicht das Wasser nicht, abgekühltes Salzwasser nachgießen.

**4** Die Gläser verschließen und das Gemüse mit einem Tuch bedeckt etwa 1 Woche bei Zimmertemperatur gären lassen. Danach in den Keller stellen.

**5** Nach 2 Wochen können Sie das milchsaure Gemüse essen. In einem kühlen, dunklen Keller hält es sich bis zum nächsten Frühjahr.

**6** Wichtig: Bei dieser Konservierungsart sollten Sie nur Herbstgemüse aus kontrolliertem biologischen Anbau verwenden. Überdüngtes Gemüse kann Fehlgärungen hervorrufen.

## Zucchini in Weißweinessig

**Für 2–3 Gläser à 1/2 Liter**
*1 kg Zucchini ✱ 4 EL Salz ✱ 200 g Zucker ✱ 2 rote Paprikaschoten ✱ 1 gelbe Paprikaschote ✱ Salz ✱ 2 unbehandelte Zitronen ✱ 700 ml Weißweinessig ✱ 6 Gewürznelken ✱ 3 Salbeiblätter ✱ 3 Rosmarinzweige ✱ 3 Thymianzweige ✱ 3 EL Olivenöl*

**1** Die Zucchini waschen, Spitzen und Stielansätze entfernen und längs in dünne Scheiben schneiden. In eine Schüssel geben, mit Salz und Zucker vermengen. 2 Stunden ziehen lassen.

**2** Die Paprika waschen, Samen und Trennwände entfernen, Fruchtfleisch in 1/2 Zentimeter dicke Streifen schneiden, 3 Minuten in kochendem Salzwasser blanchieren, abschrecken und abtropfen lassen.

3 Die Zitronen in Scheiben schneiden, in kochendem Wasser 3 Minuten blanchieren. Die Zucchini in ein Sieb geben, abtropfen lassen und den Saft auffangen.

4 Zucchini, Paprika und Zitronen abwechselnd in saubere Gläser schichten.

5 Essig, Abtropfsaft, Gewürze und Kräuter aufkochen, abkühlen lassen und anschließend in die Gläser füllen. Mit Olivenöl auffüllen. Kühl gestellt halten sich die Zucchini etwa 3 Monate.

## Mixed Pickles

**Für 3–4 Gläser à $^1/_2$ Liter**
*5 Zucchini (etwa 750 g) ✱ $^1/_2$ Blumenkohl ✱ 1 rote Paprikaschote ✱ 500 g kleine Schalotten ✱ 1 kg Möhren ✱ Salz ✱ $^3/_4$ l Weinessig ✱ 50 g Zucker*

1 Die Zucchini waschen, Spitzen und Stielansätze entfernen und in Scheiben schneiden. Den Blumenkohl in Röschen teilen, den Strunk entfernen. Die Röschen waschen und abtropfen lassen.

2 Die Paprika waschen, Samen und die Trennwände entfernen, Fruchtfleisch in 1 Zentimeter breite Streifen schneiden. Die Schalotten abziehen. Die Möhren schälen und in Scheiben schneiden.

3 Salzwasser zum Kochen bringen. Die Zucchinischeiben darin 2 Minuten blanchieren, herausnehmen und abtropfen lassen.

4 Blumenkohlröschen, Paprika, Schalotten und Möhrenscheiben nacheinander 5 Minuten blanchieren, herausnehmen und abtropfen lassen. Essig, $^3/_4$ Liter Wasser, 1 Esslöffel Salz und Zucker zum Kochen bringen.

5 Das Gemüse abwechselnd in Gläser schichten, den Sud kochend heiß darüber gießen, die Gläser gut verschließen, abdecken und über Nacht stehen lassen. Am nächsten Tag die Flüssigkeit abgießen, erneut aufkochen, kalt werden lassen und wieder über das Gemüse gießen.

6 Die Gläser verschließen, kühl und dunkel aufbewahren. Nach 2 Wochen ist das Gemüse durchgezogen. Kühl gestellt halten sich die Mixed Pickles 3 bis 4 Monate.

TIPP

**Möhren**

**Möhren sollten mit etwas Fett wie beispielsweise Butter oder Olivenöl verzehrt werden, damit das wertvolle Beta-Carotin gelöst und im Körper verwendet werden kann.**

Verwenden Sie für Pickles am besten ganz junge und feste Zucchini. Sauer eingelegte Produkte wie Mixed Pickles haben eine lange Lagerzeit, wenn die Gläser nicht geöffnet werden. Die saure Beilage schmeckt zur Brotzeit ebenso wie zur feinen Antipasti-Platte.

## Zucchini in Olivenöl

**Für 2 Gläser à 1/2 Liter**
*1 kg Zucchini ✱ 50 ml Essig ✱ 1/4 l Olivenöl ✱ 2 Rosmarinzweige ✱ 2 Thymianzweige ✱ 4 Knoblauchzehen*

**1** Die Zucchini waschen, Spitzen und Stielansätze entfernen und in dünne Scheiben schneiden. Portionsweise 1 Minute in kochendem Essigwasser (50 Milliliter Essig auf 1 Liter Wasser) blanchieren, kalt abschrecken, trockentupfen.

**2** 2 Esslöffel Olivenöl in einer Pfanne erhitzen, die Zucchinischeiben darin unter häufigem Wenden etwa 5 Minuten andünsten.

**3** Mit den Kräutern und den abgezogenen Knoblauchzehen in Gläser schichten. Mit dem restlichen Olivenöl auffüllen. Das Gemüse innerhalb einer Woche verbrauchen.

Die scharfen Chilischoten wirken wie Medizin: Sie schützen bei regelmäßigem Verzehr vor Herzinfarkt, fördern die Durchblutung und regen die Produktion von körpereigenen Glückshormonen, den so genannten Endorphinen, an.

## Eingemachtes mit Reisessig

**Für 2–3 Gläser à 1/4 Liter**
*2 junge Zucchini (etwa 150 g) ✱ 1/2 Bund junge Möhren ✱ 250 g grüne Bohnen ✱ 1 weiße Zwiebel ✱ 1 scharfe Chilischote ✱ 1/4 l Reisessig ✱ 1 TL Meersalz ✱ 1/2 TL Zucker*

**1** Die Zucchini waschen, Spitzen und Stielansätze entfernen und in Scheiben schneiden. Möhren und Bohnen waschen und putzen, die Fäden abziehen. Die Zwiebel abziehen und in feine Ringe schneiden. Die Chilischote halbieren, Trennwände und Kerne entfernen, waschen und fein hacken.

**2** Die Möhren und die grünen Bohnen im Ganzen 1 Minute in kochendem Wasser blanchieren, die Zucchinischeiben 2 Minuten blanchieren. Abgießen, abschrecken, gut abtropfen lassen und in eine Schüssel geben.

**3** Mit Reisessig übergießen, Salz und Zucker hinzufügen, alles gut miteinander vermengen. Zwiebel und Chili dazugeben.

**4** Das Gemüse in Gläser schichten, verschließen und 3 bis 4 Tage im Kühlschrank ziehen lassen.

**TIPP**

**Chili verarbeiten**

**Beim Putzen, Verarbeiten und Entkernen von Chilischoten sollte man äußerst vorsichtig sein und darauf achten, dass der Saft nicht an die Schleimhäute von Mund, Augen oder Nase gelangt. Er brennt sehr stark und reizt die Nerven.**

# Über dieses Buch

## Die Autorin

Christine Taylor hat Germanistik, Linguistik und Anglistik studiert. Seit 10 Jahren arbeitet sie als Redakteurin und Autorin für namhafte Verlage. Zu ihren Schwerpunkten zählen Kochen, Gesundheit und Reise. Christine Taylor lebt in Duisburg.

## Der Fotograf

Karl Newedel, Münchener Fotodesigner, sammelte nach seiner Ausbildung zum Koch nationale wie internationale Erfahrung in großen Häusern, bevor er sich 1982 als freischaffender Food-Stylist einen Namen machte. Seit 1996 agiert er selbst hinter der Kamera und gibt mit seinen Fotografien zahlreichen Büchern ein unverwechselbares Gesicht.

## Bildnachweis

Karl Newedel, München: Rezeptfotos sowie Freisteller; Helga Florian, Weiden: 2, 5, 8; PhotoDisc: 4, 6, 7

## Hinweis in eigener Sache

Unsere Rezepte werden von erfahrenen Autoren kreiert und erprobt. Wir freuen uns jedoch über Anregungen, Tipps oder Kritik und helfen bei Fragen gerne weiter. Bitte wenden Sie sich an:
Weltbild Buchverlag,
Steinerne Furt 67, 86167 Augsburg,
oder schicken Sie uns eine E-Mail an:
Gabriele.Beck@weltbild.com

## Haftungsausschluss

Die Inhalte dieses Buches sind sorgfältig recherchiert und erarbeitet worden. Dennoch kann weder die Autorin noch der Verlag für die Angaben in diesem Buch eine Haftung übernehmen.

## Impressum



Weltbild Buchverlag
– Originalausgaben –

Steinerne Furt 67, 86167 Augsburg
2. Auflage 2004


Projektleitung: Julia Kotzschmar
Redaktion: Bianca Müller
Umschlagfoto: Karl Newedel, München
Umschlaggestaltung und Innenlayout: X-Design, München
Satz: Dirk Risch, Berlin
Reproduktion: Point of Media GmbH, Augsburg
Druck und Bindung: TYPOS-Digital Print, spol. s r. o., Kovarska 328/7, CZ-30526 Pilsen

Gedruckt auf chlorfrei gebleichtem Papier
Printed in Czech Republic

ISBN 3-89604-994-1

# Alle Rezepte von A bis Z



## Verwendete Abkürzungen

EL = Esslöffel
g = Gramm
kg = Kilogramm
l = Liter
ml = Milliliter
Msp. = Messerspitze
TL = Teelöffel
TK = Tiefkühlware